찰나의 말투 하나로 당신의 인생이 놀랍게 달라진다!

말투만 바꿨을 뿐인데

김민성 지음

> 프롤로그

어제보다 나은 오늘로 만들어주는 '말투의 힘'

CJ ENM 쇼호스트, 베스트셀러 작가, 스피치 관련 각종 기업 초청 강사. 여기까지만 놓고 보면, 제가 특별한 사람이라 생각할 수도 있을 듯합니다. 아니면 적어도 굉장히 어릴 때부터 화술이 특별했거나, 스피치 전공으로 꽤 오랜 시간 내공을 갈고 닦았다고 어림짐작할 수도 있겠죠. 하지만 놀랍게도 제 전공은 무용입니다. 고등학교, 대학교 모두 무용을 전공했습니다. 무용을 시작한 이유도 단순합니다. 남들 앞에서 멋져 보이고 싶었거든요. 그러다 보니, 춤 외에도 저는 참 많이 '나댔습니다.' 말도 잘하지 못하면서 항상 대화를 주도하려 했고, 상대방에게 공감하는 법도 모르면서 항상 제가 대화의 주인공이 되어야 한다는 강박을 안고 있었습니다. 그러던 어느 날, 친하게 지내던 대학교 친구 중 한 명이 저에게 이렇게 말하더군요.

"민성아, 내가 진짜 고민하다 말하는 건데, 너는 말만 안 하면 진짜 괜찮을 텐데 왜 굳이 입을 열어서 네 이미지를 스스로 망치는 거야?"

충격적이었습니다. 저는 제가 말을 잘한다고 믿어 의심치 않았고, 누구와 대화를 하든 가장 말을 많이 했으니, 제가 대화를 주도한다고 생각했거든요. 그런데 A의 얘기를 듣고, 제 과거를 돌아봤습니다. 그제야 제가 인지하지 못했던 부분이 주마등처럼 스쳐 지나가더군요. 제가 얘기할 때마다 찡그리던 친구들의 표정, 한숨을 쉬며 땅을 바라보던 사람들의 행동 등이 말입니다. 얼굴에 열이 확 오르며, 부끄러워졌습니다. 그리고 인지했습니다. '내가 나에 대해 아무것도 모르고 있었구나.' 참고로 대화란, 교감하는 행위입니다. 서로의 말에 경청하고, 그에 맞는 호응을 하며, 하나하나 탑을 쌓아가는 거죠. 그렇게 공들여 탑을 쌓은 서로는 '신뢰'라는 매개체를 형성합니다. 단순히 말을 많이 한다고, 기계적으로 호응을 한다고, 한순간에 생기는 무언가가 아니라는 뜻이죠. 저는 그걸 인지하지 못했던 겁니다.

그렇게 친구 A의 충격적인 발언 이후, 저는 많이 달라지려고 부단히 노력했습니다. 심지어 전공인 무용보다, 말하는 공부에 더더욱 집중했습니다. 그리고 첫 직장을 모두가 뜯어말린 보험설계사로 시작했고, 그 안에서 말에 대해 깊이 연구하며, 최고 매출을 경신할 수 있었습니다. 그리고 이런 사실을 깨달았습니다. '말투 하나 바꿨는데 내 인생이 달라지는구나.'

말투의 힘은 비단 돈에만 국한되지 않았습니다. 고객을 만날 때도, 마음에 드는 이성을 만날 때도, 불특정 다수에게 나를 알릴 때도 큰 영향력을 발휘했습니다. 예를 들어, B처럼 말할 때보다, B에 +α만 얹었을 뿐인데, 사람들은 훨씬 더 저에게 호감을 느끼더군요. 그 비밀을 알게 된 현재, 저는 감사하게도 사회적으로 어느 정도 '말투 전문가'로 인정받고 있습니다. 제가 자주 사용하는 말투를 배우기 위해, 돈을 지불하면서 강의를 의뢰하고, 또 제가 쓰는 말투 하나로 인해 상품의 매출이 눈에 띄게 달라지기도 합니다. 그래서 저는 더더욱 제가 쓰는 말투에 신경 쓰고, 또 갈고 닦으려 노력합니다. 왜냐고요? 상황에 맞는 말투 하나만 얹어도 내 인생이 달라진다는 걸 직접 경험한 덕분이죠.

그렇게 제가 지난 10년간 쌓아온 내공을 하나도 빠짐없이 이 책에 모두 담았습니다. 구성은 상대방의 호감을 얻는 말투, 어디에서나 돋보이는 말투, 감정 소모를 줄여주는 말투, 설득이 쉬워지는 말투, 스스로 자존감을 올리는 말투 총 5개로 나누어 두었으니, 인간관계가 고민이라면 3장을, 세일즈가 고민이라면 4장을 선택적으로 읽어도 좋습니다. 만일 총체적 난국(?)이라면 1장부터 차분하게 그리고 천천히 읽기를 권합니다.

아무쪼록 이 책을 통해 습관적으로 나의 이미지를 깎아 먹는 말투를 파악하고, 조금 더 나은 말투로 바꾸어 가면서 당신의 오늘이 어제보다 조금 더 나아진다면, 저는 그걸로 더 바랄 게 없습니다. 그럼, 말투로 인생을 바꿀 당신을 응원하면서, 지금부터 본격적으로 시작해 보겠습니다.

김민성

프롤로그
어제보다 나은 오늘로 만들어주는 '말투의 힘'

1장
"상대방의 호감을 얻는 말투"

직선으로 얘기하지 말고 곡선으로 말하라 · 17
직접적으로 조언하지 말고 간접적으로 질문하라 · 20
바꿀 수 없는 것보다 바꿀 수 있는 것에만 집중해라 · 23
주인공이 아니라 조연처럼 말하라 · 25
캐치볼 하듯이 대화하라 · 28
같은 표현을 반복하지 마라 · 31
자주 마주쳐야 기회를 얻는다 · 34
평가의 말을 함부로 내뱉지 마라 · 37
자랑하지 말고 과정을 공유하라 · 39
지하철 노선도처럼 말하라 · 42
사람을 끌어당기는 "방법이 있을 거야" · 45
상대방의 특권의식을 자극하라 · 48
은근히 상대에게 호감을 주는 방법 · 51
같은 말을 반복하지 마라 · 54
상대방이 듣고 싶은 말을 하라 · 57

"어디에서나 돋보이는 말투"

과거형이 아닌 미래형으로 말하라 · 61
'그런데'가 아니라 '그리고'를 사용하라 · 64
효율적으로 칭찬하는 법 · 67
평가하지 말고 공감하라 · 70
'때문에'가 아닌 '덕분에'로 말하라 · 73
옳은 말이 아닌 친절한 말을 하라 · 76
평가를 위한 질문보다 상대를 위한 질문을 하라 · 79
감동을 넘어 감격을 주는 감사 인사법 · 81
진실한 호응으로 가까워져라 · 83
희석시켜서 이야기하라 · 86
당신이 옳다는 말 한마디 · 89
상대방의 생각을 물어라 · 92
나의 말에 부사를 제거해라 · 95
대화 속의 통역사가 되어라 · 97
상대방의 호기심을 자극하라 · 100
오늘이 삶의 마지막이라고 생각하라 · 103
존댓말을 사용하라 · 106

3장
"감정 소모를 줄여주는 말투"

감정적인 사람으로 보이지 않는 법 · 111
질문에 질문으로 답하지 마라 · 113
짜증 내기보다 솔직한 감정을 고백하라 · 116
빌런에게는 조언을 구하라 · 119
나에게 상처 주는 사람을 대처하는 법 · 122
"바쁘다"고 하지 말고 정확한 상황을 말하라 · 125
좋은 사람들을 만나고 싶다면 언어부터 바꿔라 · 128
"이미 했다"고 외쳐라 · 131
어색함을 자연스럽게 깨는 대화법 · 134
속사정을 자세히 말하라 · 137
힘들면 "이것만 끝나면!"을 외쳐라 · 140
까칠한 사람의 마음도 녹이는 한마디 · 143
자연스럽게 한층 깊어질 수 있는 대화법 · 146
세련되게 거절하는 법 · 149
감정적인 실수를 줄여주는 "그만!" · 153
일관적이게 말하고 행동하라 · 156

"설득이 쉬워지는 말투"

불가능하다는 말 대신 가능하다고 말하라 · 159
말끝을 흐리지 마라 · 162
"하지 마" 대신 "해"로 말하라 · 165
"개선하겠습니다" 대신 "변화하겠습니다" · 168
상대가 얻는 이익을 먼저 생각하면 결국 내가 더 많은 이익을 얻는다 · 171
초반에 달콤한 사탕을 줘라 · 174
사람의 마음은 당신이 준비한 만큼 움직인다 · 177
사라질 혜택을 언급하라 · 180
서두르지 말고 작은 제안부터 하라 · 183
한번 올라간 눈높이는 내려오기 힘들다 · 186
무조건 쉽게 설명하라 · 189
상대방의 선택을 더 빠르게 유도하는 비법 · 191
가장 중요한 판단 기준을 물어라 · 194
마법의 단어 '만약에'를 사용하라 · 196
신뢰도를 활용하라 · 199
상대방을 상상하게 만들어라 · 202

5장
" 스스로 자존감을 올리는 말투 "

일상에서 1분만 투자하라 · 207

'혹시'라는 단어를 붙이지 마라 · 209

서술형 대신에 질문형으로 말하라 · 212

긴장된다면 쉴 틈을 두라 · 214

한 문장을 한번에 말하라 · 217

나의 단점을 내 입으로 말하지 마라 · 220

나의 능력을 알리고 싶다면 정확한 수치로 말하라 · 222

명칭만 바꿔도 훨씬 더 고급스러운 느낌을 준다 · 225

대화에도 자살골이 있다 · 228

나의 장점을 물어라 · 232

질투심 대신 호기심으로 다가가라 · 236

나를 드러낼 수 있는 단어를 선택하라 · 239

언제 어디서든 홈그라운드라고 생각해라 · 242

믿을만한 제3자에게 피드백을 요청하라 · 245

은근히 섹시하게 느껴지는 말투 · 248

에필로그
말 한마디가 인생을 바꾼다

1장

상대방의 호감을 얻는 말투

직선으로 얘기하지 말고
곡선으로 말하라

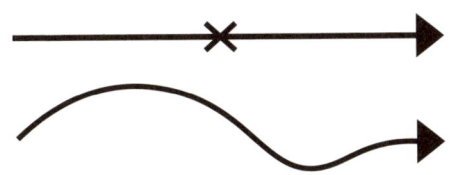

'내 뜻은 그게 아닌데…….', '상처 줄 마음은 없었는데…….', '사람들과 가까워지고 싶은데…….' 인간관계에서 어려움이 생기면, 자연스레 이 같은 고민을 하게 된다. 실제로 내가 대학 시절 가장 많이 한 걱정거리이기도 했다.

'왜 내가 말하면 친구들이 상처받지?', '왜 같은 말도 다른 친구가 하면 반응이 더 좋을까?' 이렇게 말이다. 그때는 미처 몰랐다. 전달할 말의 내용도 중요하지만, 말투에 따라서 느낌 자체가 바뀐다는 걸. 그리고 그로 인해 전혀 다른 결과를 마주할 수 있다는 현실을.

주변을 둘러보면 친절한 내용이더라도 직선으로 내리꽂는 듯이 말하는 사람이 있다. 그런데 그들에게 제아무리 나쁜 뜻이 없다고 하더라도, 듣는 사람 입장에서는 기분이 나쁠 수 있다. 가령, "밥 먹었어?"라는 이 짧은 한마디를 마치 야구선수가 직구를 던지듯 말한다면, 상당히 무미건조하게 들릴 것이다. 그뿐만 아니라 '나한테 화났나?' 혹은 '형식적으로 묻는 거구나.'라고 생각할 수도 있다.

밥 먹었어? →

반면, 동일한 문장을 곡선을 그리듯 말해보자. 어렵게 들린다면 첫 단어 '밥'과 마지막의 '어'를 부드럽게 발음해 보자. 같은 말이지만, 말투 하나로 전혀 다르게 전달된다는 걸 알 수 있다.

밥 먹었어? ↘

다른 표현도 한번 살펴보자. 일직선으로 "어디 가는 길이야?"라고 묻는다면, 상대방은 추궁당하는 기분이 들 수 있다. 하지만 둥글게 반원을 그리며 말하면 '이 사람이 내가 어디 가는지 정말 궁금하구나.'라는 감정이 든다. 또 말끝을 올리지 않고 내리면, 훨씬 더 신중하고, 신뢰감 있는 이미지를 심어줄 수 있다.

어디가는 길이야? →   어디가는 길이야? ↘

물론, 그들도 처음부터 차갑고, 냉정하게 말하지는 않았을 것이다. 살다 보니, 또 '친절하게 대하면 만만하게 볼 거야.'라는 고정관념이 본인도 모르는 사이 생겨서 날카로운 말투를 사용하게 만들었을지도 모른다.

그러나 우리는 명심해야 한다. 사람은 받은 만큼 주려고 한다는 사실을. 언어 역시 마찬가지다. 내가 직선으로 뾰족하게 말하면, 상대방도 나에게 뾰족한 말투를 사용할 것이고, 내가 곡선으로 따뜻하게 말하면, 상대방도 따뜻한 억양으로 보답할 것이다. 그러니 직선보다는 곡선을 선택하길 바란다. 어딜 가든 환영받는 사람이 되길 바란다면 말이다.

오늘, 당신의 인생을 변화시켜 줄 명언 한 줄

"다정하게 말하는 것은 작은 일이 아니다.
그것은 사람의 마음을 치유하는 힘을 가지고 있다."

- 에픽테토스

직접적으로 조언하지 말고
간접적으로 질문하라

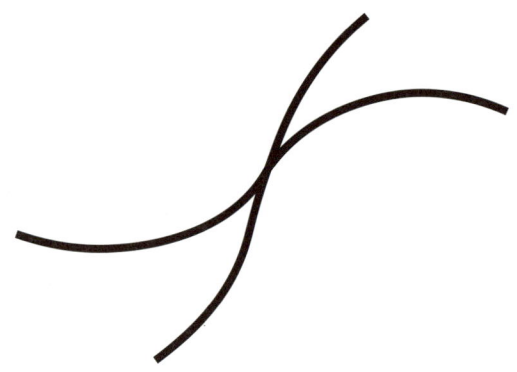

최근 직장이나 집단에서 '꼰대'라고 불리며, 비호감으로 분류되는 사람들이 있다. 바로 "나 때는 말이야."라며 일명 '라떼형'으로 이야기하는 부류다. 그런데 이보다 더 나쁜 평가를 받는 행동이 있다. 다름 아닌 '조언질'이다. 그들은 대체로 이렇게 말한다. "신입사원이라면 최소한 1시간 전에 출근하는 게 좋아.", "김 사원, 여자 친구한테 그런 식으로 하면 안 돼.", "휴가는 동남아보다는 일본으로 가는 게 효과적일 거야." 그런데 이런 직접적인 조언을 들으면 기분이 어떨까? 아무리 도움이 된다고 하더라도 요청을 한 게 아니므로 불필요한 잔소리밖에 되지 않는다.

이런 직접적인 조언은 원래 했던 결정을 번복하고 싶게 만드는 부작용도 낳는다. 예를 들어, 일본으로 휴가를 가려고 했다면, 동남아보다는 일본이 좋다는 직장 상사의 말에 일본으로 가기 싫어지는 것이다.

하지만 일상에서 누군가에게 조언을 해야 할 때도 있다. 그럼, 어떻게 말해야 좋을까? 어떻게 말해야 상대방이 나의 말에 반발심을 갖지 않고, 있는 그대로 받아들일까? 해답은 간접적으로 질문하는 데 있다. 아래의 예시를 참고해 보자.

전 | "보고서를 좀 더 명확하게 변경해 봐."
후 | "보고서의 방향을 좀 더 명확하게 해보는 게 어때?"

전 | "어제 시킨 업무는 오늘 안에 끝내고 퇴근하도록 해."
후 | "주말 내내 처리 못한 일 때문에 신경 쓰이고, 제대로 쉬지도 못하는 것보다 오늘 마무리하고, 주말 동안 마음 편히 쉬는 건 어때?"

전 | "휴가는 동남아보다 일본으로 가야 효과적일 거야."
후 | "내가 이 회사에 다니면서 휴가를 여러 번 가봤는데, 동남아는 자리 비우는 시간 대비 비효율적인 선택지더라고. 더 효율적이고, 자리도 덜 비울 수 있는 일본은 어떻게 생각해?"

이처럼 같은 말도 질문 형태로 하면, 받아들이는 사람 입장에선 전혀 다른 말로 들린다. 그렇다고 해서 상대방이 당신의 조언을 무조건 받아들이지는 않을 테다. 다만, 직접적인 조언을 하면, 상대방이 당신을 멀리하거나 기피해야 할 대상으로 여길 수 있지만, 질문형으로 바꾸기만 해도 당신을 강요하는 사람이나 이야기하기 싫은 사람이 아닌, 대화하고 싶은 사람, 다정한 사람, 자신을 위해 이야기해 주는 사람으로 기억하게 된다.

오늘, 당신의 인생을 변화시켜 줄 명언 한 줄

"말투는 한 인간의 성격을 드러내는 창문이다."

- 마크 트웨인

바꿀 수 없는 것보다
바꿀 수 있는 것에만 집중해라

살다 보면 누군가에게 조언을 해야 할 경우가 생기곤 한다. 이때 절대 해서는 안 될 행동이 있다. 바로 바꿀 수 없는 부분을 지적하는 일이다. 만일 주변에 사람이 많은 상황이라면, 더더욱 최악이다. 가령, 친구가 머리 염색을 했다고 해보자. 어울리든 어울리지 않든 당장 머리색을 바꿀 수 없다. 그런 친구에게 "왜 염색했어? 넌 자연스러운 컬러가 더 잘 어울리는데."라고 한다면? 설령 악의가 없더라도 친구 입장에서는 '어쩌라는 거야?', '네가 돈이라도 보태줬어?'라는 불만을 품게 된다. 시간과 돈을 투자해 기분 좋게 스타일 변신을 했는데, 그런 자신의 선택과 취향을 무시하는 느낌이 들기 때문이다. 심지어 관계도 나빠질 수 있다.

이럴 때는 어떻게 할 수 없는 요소를 지적하기보다는, 아래와 같이 즉시 해결할 수 있는 걸 알려주면 좋다. 그러면 당신은 분명 누구에게나 호감 있는 사람이 될 수 있다.

"너 지금 지퍼 열렸어."
"치아에 고춧가루가 낀 것 같은데, 거울로 확인해 봐."
"코털이 살짝 삐져나왔네? 정돈해 주면 좋을 거 같아."

당연히 상대방만 알 수 있도록 전달하는 게 핵심이다. 단둘이 있다면 상관없겠지만, 사람이 많을 때는 귓속말로 하라는 얘기다. 그런 당신에게 '왜 나한테 지적질이야?'라고 할 사람은 아무도 없을 테다. 오히려 센스 있고, 배려심 깊은 사람으로 기억한다.

꼭 기억하자. 상대방에게 고쳤으면 하는 점이 있더라도 당장 바꿀 수 있는 게 아니라면, 조언하지 말자. 냉정하게 말해서 제3자의 실수와 실패는 그의 선택에 따른 결과다. 그런데도 도움을 주고 싶다면, 최소한 해결 방안을 제시하거나 하루 정도 고민한 후에 얘기하자. 남의 인생에 영양가 없는 훈수를 두는 건 당신에게 득될 게 전혀 없다.

주인공이 아니라
조연처럼 말하라

> 주변을 둘러보면 꼭 이런 부류가 있다. 대화 또는 발표할 때 본인이 주인공이 되려고 하는 사람. 이들은 의도적으로 말을 많이 하려고 한다거나 자신과 의견이 다르거나, 다르더라도 동의를 해주지 않으면, 적개심을 갖는다. 하지만 현실은 드라마 또는 영화와 전혀 다르다. 무슨 말인고 하니, 드라마 또는 영화에서는 주인공의 대사 비중이 높다. 즉, 주인공이 상황을 이끌어간다. 반면, 현실에서 이렇게 자기중심으로 주도하게 되면, 오히려 사람들과 멀어지게 된다. 그로 인한 외로움은 자연스러운 현상이다.

세상 그 누구도 듣기만 하는 걸 좋아하는 사람은 없다. 성격과 상황에 따라 차이는 있을 수 있지만, 대부분의 사람은 서로 소통하며 대화하기를 좋아하지, 듣는 것만 즐기지는 않는다. 그래서 세일즈 미팅, 마음에 드는 이성과의 데이트처럼 내가 중요하게 생각하는 자리, 잘 보여야 하는 사람과의 만남에서는 더더욱 조심해야 한다. 이와 관련한 팁을 주자면, '나는 주인공이 아니라 조연이다.'라는 마음가짐으로 준비하는 게 좋다.

그러나 안타깝게도 자신이 주인공이 되려는 세일즈맨 또는 강사를 보게 된다. 세일즈맨이라면 상품을, 강사라면 강의 주제를 더 빛나게 해야 하는데도 그걸 간과하는 것이다. 그뿐만 아니다. 마음에 둔 사람 앞에서도 본인 말만 끊임없이 하기도 한다. 상대방을 주인공으로 만들어주면, 화기애애한 분위기에서 사이가 더 가까워질 수도 있을 텐데도 말이다. 그런데 생각보다 조연이 되는 방법은 아주 간단하다. 나의 이야기를 하는 게 아니라 상대방이 좋아할 만한 질문을 하면 된다. 그러면 상대방은 신이 나서 말하기 마련이다. 앞에 앉아 있는 사람이 주연이 되는 셈이다. 비록 나는 조연이 될지라도 모두에게 좋은 기억으로 남는다.

여기서 이렇게 물을 수도 있다. "상대방이 좋아할 만한 질문을 어떻게 찾나요?" 비결은 단순한 곳에 있다. 당사자의 SNS를 참고하면 된다. 거기는 그의 하이라이트만 남겨둔 공간이므로, 잠시만 둘러보아도 관심사, 싫어하는 것, 감정 상태 등을 파악할 수 있다. 이를 바탕으로 내 중심이 아닌 상대방에게 초점을 맞추어 다음처럼 물어라.

> 전 | "저는 차에 관심이 많아요."
> 후 | "혹시 차에 관심이 많나요?"

> 전 | "어제 진짜 재미있는 일이 있었는데요."
> 후 | "최근에 특별한 곳에 다녀오셨던데, 어떻게 예약한 거예요?"

그러면 단답으로 대꾸하던 사람도 흥겹게 이야기하는 모습을 보여준다. 이때 당신은 맞장구만 쳐주면 된다. 놀랍게도 대화가 끝나고 헤어질 때 당신은 이런 말을 듣게 될 것이다. "역시 말씀을 너무 잘하시네요! 오늘 좋은 얘기 많이 해주셔서 감사합니다."

오늘, 당신의 인생을 변화시켜 줄 명언 한 줄

"당신의 말투는 상대방의 마음속에 남는다."

- 벤자민 프랭클린

캐치볼 하듯이 대화하라

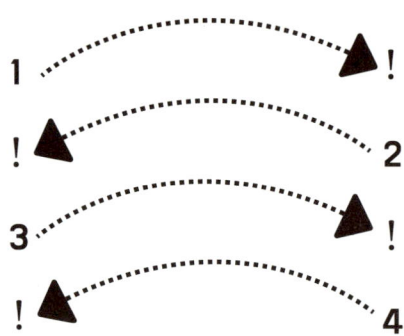

제3자와 대화를 할 때는 상대방이 내 말을 받을 준비가 되어 있는지부터 파악하는 게 좋다. 쉽게 설명해 '캐치볼'을 연상하면 된다. 만일 누군가가 글러브가 없는 당신에게 갑자기 공을 던진다고 생각해 보자. 운동 신경이 좋다면 받아내겠지만, 손목을 다칠 수도 있고, 최소한 손의 얼얼한 통증은 피할 수 없을 것이다.

말도 똑같다. 상대방이 들을 준비가 되어 있어야 순조로운 커뮤니케이

선이 이루어진다. 가령, 여러 가지 일이 한꺼번에 몰린 당신에게 친구가 이렇게 말한다고 해보자. "어제 있었던 일인데, 엄청 재미있어. 한번 들어봐." 마음씨 착한 당신은 듣고 있다가 이런 소리를 듣게 될 확률이 높다. "내 이야기 듣고 있어? 왜 이렇게 집중을 못해?" 이유는 그걸 듣고 있을 마음의 여유가 없기 때문이다.

더불어 상대방에게 공을 던졌다면 즉, 말을 했다면, 나 역시 들을 준비가 되어 있다는 신호를 보내줘야 한다. 이는 눈을 마주치거나 몸을 그의 방향으로 돌리거나 비언어적인 요소로 충분히 전달할 수 있다.

이 역시 캐치볼을 떠올려보면 납득할 수 있다. 캐치볼을 제대로 하려면, 공을 잘 던지기만 해서는 안 된다. 공을 받아야 다시 던질 기회가 온다. 그러니 상대방이 말하는 중에 휴대폰을 들여다보거나 몸을 젖히고 있는 등 성의 없는 태도를 보이면, 당신 앞에 앉아 있는 사람은 신나게 이야기를 하다가도 더는 말하고 싶지 않을 것이다. 거기서 그치면 다행이겠지만, 상대방에게 당신은 비호감으로 기억될 확률이 높다.

하나 더 주의할 점은 공은 한 번에 하나씩만 던져야 한다는 부분이다. 한꺼번에 100개의 공을 받는 상상을 해보자. 혹은 쉬지 않고 100개의 공을 받는다면? 그 공을 온전히 다 받지도 못하겠지만, 중간에 받기를 포기하지 않을까? 이를 말에 적용해 보면, 말을 끝까지 듣지 않고, 다른 생각을 하게 될 확률이 높다. 그러므로 일명 '속사포' 스타일로 말해서는 안 된다.

대화란, 말하는 사람 따로, 듣는 사람 따로 있는 게 아니다. 주거니 받거니 해야 성립이 된다. 이런 내 말에 '꼭 이렇게까지 눈치를 보면서 대화해야 해?'라는 불만이 생길 수도 있겠다. 하지만 상대방 없이 이루어지는 대화는 없다. 이러한 의미에서 대화할 때 상대방에 대한 배려는 기본이다.

> 오늘, 당신의 인생을 변화시켜 줄 명언 한 줄

"사람들은 당신이 한 말을 잊어버릴 수 있지만,
당신이 그들에게 어떤 감정을 느끼게 했는지는
잊지 않는다."

- 마야 안젤루

같은 표현을 반복하지 마라

많은 대화를 하고 살다보면 자연스레 말습관이 생긴다. 특정 단어를 반복 사용하는 게 대표적이다. 바로 이렇게. "일단은 이 부분부터 해보시죠.", "일단은 앉아보시겠어요?", "일단은 날씨가 좋네요." 또 비슷한 표현을 연달아 쓰기도 한다. "오늘 날씨가 너무 좋아요. 그래서 덩달아 기분도 좋고! 매출도 좋으면 좋겠네요." 틀린 표현은 아니지만, '좋아요.'라는 말이 무척 많이 나온다. 이러면 듣는 사람 입장에서는 지루하게 느껴진다. 그럼, 어떻게 변화를 주면 좋을까? 습관적으로 반복해서 사용하는 낱말을 다른 단어로 바꾸는 연습을 하면 된다. 아래의 두 문장을 살펴보자.

① "오늘 날씨가 너무 좋아요. 그래서 덩달아 기분도 좋고! 매출도 좋으면 좋겠네요."

② "오늘 날씨가 너무 좋아요. 그래서 덩달아 기분도 업 되고! 매출도 대박 나면, 입이 귀에 걸릴 것 같아요."

어떤가? 의미는 같지만 ②번이 조금 더 풍성한 느낌이다. 또 집중도 더 잘된다. 이렇게 자주 쓰는 표현을 비슷한 어휘로 살짝만 바꿔도 말맛이 달라진다. 당연히 여태껏 의식하지 않고 사용해 왔기에 당장 바꾸기는 쉽지 않다. 더욱이 일상에 지장을 주는 것도 아니라서 필요성이 피부로 와닿지도 않는다.

그런데 일상에 지장이 없다는 말은 더 나아지지도 않는다는 뜻이기도 하다. 만일 지금보다 풍요롭고, 즐거운 삶을 누리고 싶다면, 나도 모르게 반복해서 사용하는 말을 대신할 언어를 찾아볼 것을 권한다.

관련 팁을 주자면, 나의 말 습관을 먼저 파악하는 게 우선이다. 방법은 간단하다. 누군가와 대화를 할 때 녹음을 하는 것이다. 다만, 상대방이 오해할 수 있으니 미리 양해를 구하는 게 좋다. 그렇게 녹음한 파일을 들어보면, 내가 평소에 어떻게 얘기하는지 정확하게 알 수 있다.

연예인들은 데뷔 초창기보다 시간이 지날수록 예뻐진다는 소리를 자주 듣는데, 이는 '카메라 마사지 효과'라고도 한다. 그 이유는 본인이 출연한 프로그램을 꾸준히 모니터링하면서 '나는 오른쪽보다 왼쪽이 더 못 생겼구나.', '왜 저런 표정을 지었을까?', '나는 이런 단어를 자주 사용하네?'라며 개선할 점을 찾아 보완한 노력에 따른 결실이다.

우리는 이 정도까지는 아니라도 '녹음기 마사지' 정도는 받아보면 어떨까? 분명 변화된 언어가 당신을 더 매력적인 사람으로 만들어줄 것이다. 물론 내가 말하는 걸 스스로 들여다보는 일이 쉽지만은 않겠지만, 이마저도 습관을 들이면 생활에 자연스럽게 스며들리라 예상한다.

오늘, 당신의 인생을 변화시켜 줄 명언 한 줄

"당신의 말투는 당신이 말하고자 하는
모든 것을 좌우한다."

- 톰 피터스

자주 마주쳐야 기회를 얻는다

질문을 하나 해보겠다. "설득과 판단은 이성적인 영역일까? 감정적인 영역일까?" 답하기가 쉽지 않다면, 예시를 참고해 보자.

여기 2명의 후배가 있다. 한 명은 평소 당신이 좋게 봐왔고, 반대로 다른 한 명에 대한 시선은 그다지 좋지 않았다. 그런 그들이 지각을 했다. 이때 당신은 어떤 생각을 할까? 전자는 '사람이 실수할 수도 있지.'라며 이해부터 할 테고, 후자는 '기본이 안 되어 있네. 역시 사람은 고쳐 쓰는 게 아니야.'

라며 불평을 할 게 분명하다. 결국 같은 행동을 하더라도 상대방에 대한 호감도에 따라 결과가 달라지는 것이다.

이를 근거로 하면, 설득의 기본은 상대방에게 호감을 사는 일이라고 볼 수 있다. 그리고 호감을 느끼게 하는 방법은 여러 가지가 있지만, 가장 심플하고 확실한 비결이 있다. 바로 '단순 노출 효과'다.

참고로 단순 노출 효과는 폴란드 출신 미국 사회심리학자인 로버트 자이언스Robert B. Zajonc가 한 실험을 통해 처음으로 제시된 용어다. 그는 실험에 참여한 이들에게 12명의 각자 다른 얼굴의 사진을 0회, 1회, 2회, 5회, 10회, 25회 총 6가지 조건으로 보여주면서 호감도를 측정했다. 그 결과, 사진을 보여주는 횟수가 많을수록 더 큰 호감을 느낀다는 통계가 나왔다. 즉, 모르는 사람도 반복해서 보게 되면, 친근감이 생겨 좋은 감정을 갖게 되는 것이다. 대학교의 캠퍼스 커플과 회사의 사내커플이 많은 것도 같은 이유다.

그렇다면 우리는 이를 일상에서 어떻게 활용할 수 있을까? 이런 말을 자주 하면 좋다.

"자주 보니 좋네요."
"우리 또 만나요."

한마디로 상대방에게 자주 만난다는 사인을, 다시 만나고 싶다는 메시지를 전하라는 뜻이다. 당연히 부담스럽게 한다면 이야기는 달라지겠지만, 이렇게 본인과의 만남 자체를 긍정적으로 만들어주는 존재를 싫어할 사람은 없다.

그러니 설득을 해야 하거나 잘 보여야 할 대상이 생기면, 그와 마주칠 수 있는 곳에 종종 나타나 마주쳐 봐라. 자연스럽게 당신에게 내적 친밀감이 생겨 호감을 갖게 되는 건 물론, 당신의 제안이나 이야기에 귀 기울여줄 것이다.

오늘, 당신의 인생을 변화시켜 줄 명언 한 줄

"말할 때 신중하라.
말은 당신의 생각을 드러내는 중요한 매개체다."

- 워렌 버핏

평가의 말을 함부로 내뱉지 마라

상대의 말에 기분 나빴던 적 없는가? 대체로 이런 말이었을 테다.

"넌 주변 사람한테 관심 없잖아."

"너는 청소하는 거 싫어하지 않아?"

"너는 발표 잘 못하잖아."

맞다. 모두 누군가를 평가하는 말이다. 이 세상 그 누가 평가받기를 반가워할까? 그 말이 사실이라고 해도, 기분이 상하는 건 당연하다. 그런데 자신이 상처를 받았다면, 이런 말을 사용하지 않아야 하는데, 익숙하게 느껴질 만큼 자주 말하고 있다. 더욱이 이런 말투는 칭찬을 하더라도 기분 나쁘게 들릴 때가 많아서, 개인적으로 백해무익한 표현 중 하나로 꼽는다. 납득하기 어렵다면 "너 발표 잘하잖아."라는 말을 들었을 때, 어떤 마음이 드는지 떠올려 보면 쉽다. 아마 십중팔구 '왜 네가 나를 평가해? 나한테 발표하라는 거야, 뭐야?'와 같은 생각이 들 것이다. 기본적으로 '~잖아'에는 상대방을 추궁하고, 따지는 듯한 뉘앙스가 있어서 그렇다.

이 밖에도 지레짐작하는 "어제 술 마셨나 보네요.", "어제 늦게 주무셨나 봐요.", "식사를 못 하셨나 봐요." 등과 같은 이야기는 하지 않는 게 좋다. 정말 궁금하다면, 아래와 같이 질문형으로 바꾸어 보자. 한결 부드러운 분위기에서 대화할 수 있으리라 믿는다.

전 | "넌 주변 사람한테 관심 없잖아."
후 | "넌 주변 사람에게 관심이 많은 편이야?"

전 | "너는 청소하는 거 싫어하지 않아?"
후 | "넌 청소하는 걸 좋아하니?"

전 | "너는 발표 잘 못하잖아."
후 | "이번 발표, 네가 해볼 생각 있어?"

자랑하지 말고 과정을 공유하라

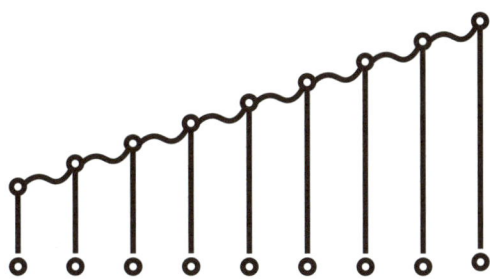

　인간은 누구나 무언가를 이루면, 주변 사람에게 자랑하고 싶어진다. 이를 심리학에서는 '자기 현시욕'이라고 하는데, 자신의 존재를 타인에게 과시하려는 욕망이며, 이런 경향이 강한 사람을 '현시자'라고 부른다. 사실 본인을 자랑하고, 과시하고 싶어 하는 마음은 본능과도 같다. 그렇다고 해서 무작정 나의 성과를 다른 사람에게 과하게 드러내려는 건 결코 좋은 행동이 아니다. 상대방이 당신의 자랑을 들어줄 의무도 없거니와 까딱하다가는 불쾌한 감정을 느끼게 할 수도 있기 때문이다. 만일 그렇게 된다면, 당신은 순식간에 비호감이 되고 만다.

반면에 결과가 아닌 과정을 자랑하면, 제3자에게 내가 원하는 이미지로 인식시킬 수 있음은 물론, 응원까지 받기도 한다. 다음 상황을 통해 차이점을 알아보자.

① "나 3kg 빠졌어."

② "나 요즘 운동 열심히 하고 있어."

전자는 결과를 자랑하고 있다. 뜬금없이 이런 말을 듣게 되면 그렇지 않은 사람도 있겠지만, '뭐야? 지금 살 빠졌다고 자랑하는 거야?', '물어보지도 않았고, 궁금하지도 않은 얘길 왜 하는 거야?'와 같은 반감을 품을 수 있다.

그러나 후자처럼 얘기하면 전혀 다른 반응을 만난다. 성실한 사람, 노력하는 사람 등으로 생각하거나 격려를 해주기도 한다. 결과가 아닌 과정을 밝힘으로써 반발심 또는 질투심이 생길 원인 제공을 하지 않은 덕분이다.

최근 몇 년 전부터 주목받는 오디션 프로그램 역시 결과보다 과정에 집중해 긍정적인 문화를 만들어가고 있다. 오디션 프로그램 출신 가수들의 팬심이 유독 두터운 것만 봐도 알 수 있다. 그들은 처음부터 완벽하게 스타성을 보여주기보다 힘들었던 유년 시절, 어렵게 오디션 단계를 통과하면서 발전해 나가는 모습 등을 공유했다. 이에 따라 그들을 지지하는 사람들과 점진적으로 유대감을 형성해 나간 것이다. 이 같은 현실에서 가수와 팬 사이는 끈끈해질 수밖에 없었을 테다.

당신은 지금 이 순간에도 말을 잘하고 싶어서 이 책을 선택했을 확률이 높다. 그렇다면 어느 날 갑자기 "나, 말하기 실력이 향상된 것 같아."라고 하기보다 "나 요즘 말하는 연습을 하고 있어." 또는 "말을 조금 더 잘하고 싶어서 매일 《말투만 바꿨을 뿐인데》라는 책을 읽는 중이야."라고 고백해라. 그럼, 당신을 시기하기보다 따뜻한 시선으로 바라봐 주는 사람이 늘어나리라 확신한다.

> 오늘, 당신의 인생을 변화시켜 줄 명언 한 줄

"부드러운 말 한마디는 짧고 간단하지만,
그 메아리는 끝없이 계속된다."

- 마더 테레사

지하철 노선도처럼 말하라

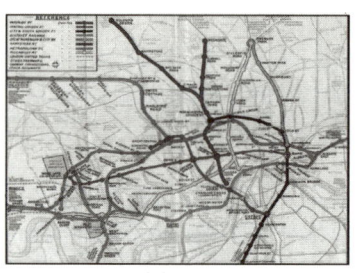

(1908년 런던 지하철 노선도)

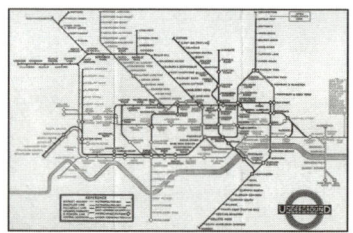

(1933년 보기 편하게 변경된 노선도)

1908년에 제작된 영국의 지하철 노선도는 전 세계 최초의 지하철 노선도다. 그 형태는 실제 지도 위에 지하철 위치를 표시한 정도였다. 한눈에 봐도 지하철을 이용하는 고객에 대한 배려가 전혀 없다. 타는 사람도 거의 없었을 뿐더러, 만든 사람조차 지하철을 직접 타는 사람이 아니었기 때문일테다. 그로부터 25년 만인 1933년이 되어서야 비로소 이용객이 보기에 편리한 지하철 노선도가 탄생했다.

현재 우리나라 지하철 노선도 역시 지도상 역의 위치도 알 수 없고, 열차가 움직이는 방향과 맞지 않지만, 고객에게는 최적화되어 있다. 이처럼 우리의 대화도 이래야 한다. 즉, 집단 지성이 만든 보편화된 정보와 맞지 않거나, 사실이 아니더라도 상대방 상황에 맞추어야 한다는 뜻이다. 거짓말을 하라는 게 아니다. 여기에서 핵심은 상대방에 대한 배려의 자세다. 가령, 당신이 부모님과의 추억이 있는 장미를 구매하러 꽃집에 들렀다고 해보자. 점원에게 "장미로 예쁘게 꽃다발을 만들어주세요."라고 했는데, "누가 요즘 촌스럽게 장미꽃으로만 꽃다발을 만들어요."라는 반응이 돌아왔다면 기분이 어떨까? 그게 사실일 수도 있지만, 당신은 부모님과의 추억을 부정당했다는 느낌이 들 것이다.

또 장면을 바꾸어서 친구와 횟집에 갔다. 당신은 초장 취향이라서 초장에 회를 찍어 맛을 음미하고 있는데, 친구가 "너는 회를 먹을 줄 모르는구나? 회는 무조건 간장에 찍어 먹어야지."라고 한다면 그 친구와 다시 횟집에 가고 싶을까?

지하철 노선도가 실제 역의 위치를 표시하지 않고, 고객이 보기 편하게 변한 이유도 여기에 있다. 당연히 위에서 예시로 든 상대방의 말이 정답일 수 있다. 하지만 듣는 사람 입장에서는 절대 좋은 스피치가 아니다. 이를 참고해 다음처럼 바꿔보자.

> 전 | "누가 요즘 촌스럽게 장미꽃으로만 꽃다발을 만들어요."
> 후 | "선물하실 건가 봐요? 받는 분이 너무 좋아하겠다. 꽃다발을 더 예쁘게 만드는 방법이 있는데, 제가 도움을 드려도 괜찮을까요?"

> 전 | "너는 회 먹을 줄 모르는구나? 회는 무조건 간장에 찍어 먹어야지."
> 후 | "회를 초장에 찍어 먹는 것도 맛있는데, 더 맛있게 먹는 방법 알려줄까? 한번 시도해 볼래?"

전자도 후자도 모두 사실을 말했다. 하지만 후자 쪽 말에 마음이 더 끌린다. 나에 대한 배려가 있는 덕분이다. 또 선택도 직접 할 수 있게 함으로써 나를 존중해 줬다.

옳고 그름을 떠나서 세상 누구든 본인의 선택이 틀렸다고 말하는 사람에게 호감을 느끼기란 쉽지 않다. 그러니 진실을 말하기 전에 상대방의 입장을 먼저 고려하자. 그렇지 않으면 아무리 말 잘하는 당신이라도 사람이 남지 않게 된다.

사람을 끌어당기는 "방법이 있을 거야"

나는 대학 시절에 인기가 많지 않았다. 말도 잘 못했고, 소심한 성격 탓에 누군가와 친해지기도 어려웠다. 이로써 대학에 진학한 첫 1년은 소위 말하는 외톨이였다. 이런 나는 항상 친구도 많고, 주변에 사람이 끊이지 않는 사람을 동경하면서 관찰했다. '쟤는 나랑 어떤 부분이 달라서 저렇게 사람들이 따르는 거지?'라고 하면서 말이다. 그러던 중 그들의 특징을 발견했다. 바로 끌리는 말투를 사용한다는 점이었다. 외모, 성격, 경제적인 여유도 중요하지만 그게 핵심은 아니었다. 그중 나보다 키도 크지 않고, 그렇다고 돈을 잘 쓰지도 않는데 인기 많은 선배가 있었다. 지금도 생생히 기억나는 그가 입버릇처럼 자주 사용하는 말이 있었는데, 바로 "방법이 있을 거야."였다.

대학교 수업에서는 팀별 과제와 프로젝트를 수행해야 하는 경우가 상당히 많다. 하지만 그 과정이 매번 순탄하게 흘러가지는 않는다. 참고로 나는 무용과 전공으로 2~3학년 때 조원이 함께 안무를 만드는 과제가 주어졌다. 그런데 아마추어끼리 하는 작업이다 보니 막막해서 포기하고 싶은 상황이 생기곤 했다. 그럴 때마다 그 선배는 "방법이 있을 거야."라며 막연하지만 희망적인 이야기를 했다. 당연히 그렇게 말한다고 해서 당장 방법이 생기는 건 아니다. 하지만 분명한 사실은 함께하는 조원들의 의욕을 끌어올려 주었고, '할 수 없는 일'에서 '할 수 있는 일'로 관점을 전환해 주었다는 점이다.

이 선배는 그 외 일상 모든 곳에서도 이 말을 사용했다. 끝이 보이지 않는 군대 생활을 할 때도, 졸업 후 취업이 되지 않던 취업준비생일 때도 "방법이 있을 거야."라는 말을 들려주었다. 그런데 이 말이 명확한 해결책을 제시해 주는 것도 아닌데, 주변에 사람을 모이게 했다.

이런 현상이 그때는 그저 신기했지만 시간이 흐르고 나서야 매우 자연스러운 일임을 알게 되었다. "어려워요.", "힘들 것 같습니다.", "포기하시죠."와 같은 절망적인 말을 습관적으로 하는 사람과는 무언가를 같이 하고 싶지 않으니까. 반면에 "방법이 있을 겁니다."라며 길을 찾기 위해 노력하는 사람과는 손을 잡고 싶은 마음이 절로 든다. 심지어 그 모습에서 희망까지 느껴진다.

예상컨대, 그 선배는 매 순간 행복한 사람이었을 것이다. 행복한 사람은 본인이 무엇을 좋아하는지 잘 알고, 그걸 절대 포기하지 않아서 "이건 안 될 거야.", "하지 말자."와 같은 말은 하지 않으니까. 그리고 그렇게 늘 긍정의 기운을 뿜어내니 주변에 사람이 모일 수밖에 없다.

설령 그들은 실패하더라도 그 순간을 기회로 삼아 다른 방법을 찾아간다. 넘어져도 다시 일어날 힘이 있는 것이다. 이렇게 나 자신도 단단하게 해주는 "방법이 있을 거야!"를 오늘부터 입 밖으로 꺼내는 연습을 해보길 바란다.

오늘, 당신의 인생을 변화시켜 줄 명언 한 줄

"당신이 말하는 방식에 사람들은
가장 영향을 많이 받는다."

- 클라라 바튼

상대방의 특권의식을 자극하라

> 문석현 저자의 《비키니 화법》에 의하면, 상대를 설득하거나 호감을 느끼게 하는 데에는 긴말이 필요 없다고 한다. 쉽게 말해, 최소한의 옷만 입었지만 주변 사람들의 눈길을 사로잡는 비키니처럼 상대방의 마음을 얻는 데 많은 말이 필요하지 않다는 뜻이다. 물론 여기에도 기술이 필요한데 바로 상대방의 특권의식을 자극하는 것이다. 특권의식이란, 사회·정치·경제적으로 특별한 권리를 누리고자 하는 심리로, 식당의 VIP석, 비행기의 퍼스트 클래스, 놀이동산의 우선입장권 등이 이런 특권의식을 자극하는 요소다.

그런데 재미있는 점은 비행기 퍼스트 클래스와 같이 큰 특권이 아니더라도 사람들은 엄청난 만족감을 느낀다는 사실이다. 가령, 배달 음식을 주문했는데, 예상시간보다 늦게 도착했다고 해보자. 그런데 포장을 열어보니 "원래 없는 서비스인데 또 주문해 주셔서 감사의 마음으로 음료수 넣어드려요."라는 쪽지와 함께 음료수가 서비스로 들어있다. 그럼, 당신은 어떤 마음이 들까? 아마 대부분은 그 정성에 고마워할 테다. 음식점 입장에서는 최소의 금액으로 고객의 만족도를 높인 셈이다.

이 같은 흐름을 행동경제학에서는 '심리적 회계'라고 한다. 노벨 경제학상 수상자인 리처드 탈러Richard H. Thaler에 의해 연구·발전한 이론으로, 사람들이 돈을 어떻게 지출하고, 저축하며, 투자하는지에 대한 심리적 행태를 설명하는 데 초점을 두고 있다. 동일한 금액도 상황에 따라 다르게 인지함으로써 실제 사용에도 영향을 미칠 수 있다는 흥미로운 내용을 담고 있는데, 쉽게 설명해 같은 액수라 하더라도 아까운 돈, 막 써도 되는 돈 등 스스로 경계를 두고 사용한다는 소비에 대한 생각의 오류다.

다음 두 사례에서도 이런 심리적 회계가 작용한다. 회사에서 성과금과 관련해 보낸 메시지라는 설정을 이해하고 읽어보시길.

① 사례 A
"이번 연도 성과금을 100만 원 드리겠습니다."
(5분 뒤)
"죄송합니다. 방금 전 오류로 인해 문자가 잘못 발송되었습니다. 성과금은 100만 원이 아니라 30만 원이 지급될 예정입니다."

② 사례 B
"작년에 실적이 정말 좋지 않아 원래 성과금이 책정되어 있지 않았습니다. 하지만 특별하게 30만 원을 지급합니다."

사례 A, B 모두 같은 30만 원을 받았다. 그러나 전자는 내 통장에서 1원도 빠져나가지 않았지만, 70만 원을 빼앗긴 기분이 들고, 후자는 30만 원을 얻어 간 기분이 든다. 심지어 A의 경우는 그런 메시지를 보낸 회사를 원망하는 마음을 가질 수도 있다.

이처럼 생각의 오류를 잘 활용하여, 상대방의 특권의식을 자극해 당신에게 호감을 느끼게 하는 방법이 있다. "원래 안 되는 건데.", "아무에게나 해드리는 게 아닌데.", "너한테만 해주는 거야."라며 상대방이 특권을 누리는 듯한 기분을 심어주는 것이다. 아주 간단하고 쉬우니 반드시 이용해 보길 바란다.

은근히 상대에게 호감을 주는 방법

나는 무용을 전공하면서 오랜 시간 배운 특별한 언어가 있다. 말이 아닌 표정, 몸짓, 시선, 자세 등으로 상대방에게 나의 이야기와 감정을 효과적으로 전달하는 '비언어적 표현'이 그것이다. 무대에서는 작품의 내용과 나의 감정을 오로지 몸짓으로만 관객에게 전달해야 했기에 터득할 수 있었다.

이런 비언어적 표현은 같은 말을 하더라도 상대방에게 깊은 인상을 줄 수 있다는 장점이 있다. 예를 들어, "힘내세요!"라고 말만 하는 것과 양손을

힘껏 하늘로 뻗으며 "힘내세요!"라고 하는 건 받아들이는 상대방의 입장에선 전혀 다른 느낌이다. 또 슬픈 일을 겪은 상대의 이야기를 듣고 난 뒤, 그냥 "네가 슬퍼하니 나도 슬퍼."라고 하는 것보다 눈물을 흘리며 슬프다고 말할 때 훨씬 더 큰 감동으로 전해진다.

그런데 만일 '나는 말을 예쁘게 하는데 왜 주변에 사람이 없지?'라는 생각을 하고 있다면, 비언어적 표현을 개선할 필요가 있다. 그 노력만으로도 당신의 평판이 달라질 것이다. 참고로 나는 설득을 해야 하거나 발표를 해야 하는 자리에서 비언어적 표현에 상당히 주의를 기울였다. 그 중요성을 무용을 통해 너무 잘 알게 된 이유도 있지만, 약 99%의 사람이 비언어적 표현에 신경을 쓰지 않아서 시도하는 자체만으로도 1%의 스피커가 되리라고 확신했던 것이다. 물론, 대다수의 경우에 결과도 좋았다.

이런 나의 경험을 믿고, 지금 당장 거울을 보며 몸짓과 표정을 상황에 맞게 연습해 보자. "행복하세요."라고 말하는 나의 표정은 정말 행복을 바라는 표정인가? 그 상황에 맞는 표정인가? 의외로 아닌 경우가 많다. 자연스러운 현상이다. 우리는 세안을 하거나 메이크업을 할 때를 제외하고는 나의 얼굴을 볼 기회가 많지 않기 때문이다. 특히, 연예인이 아니면, 상대방에게 말을 할 때 나의 표정이 어떤지를 확인하는 건 극히 드문 일이다. 당신이 남성이라면 그 가능성이 0%라고 해도 과언이 아닐 테다.

그래도 괜찮다. 지금부터라도 직접 거울을 보며 "행복하세요.", "힘들다고 하니 제가 너무 속상합니다.", "축하해요, 대박이네요! 제 일처럼 기쁩니다."라고 말하며, 내 표정을 관찰해 봐라. 내가 하는 말과 정반대로 표정을 짓는 나에게 놀랄 수도 있다. 그렇다고 자신을 다그칠 필요는 없다. 본디 사람은 나 아닌 다른 누군가에게 관심을 가지지 않아서, 말로는 공감할 수 있지만 표정까지 공감한다는 건 어려운 일이니까. 대신 그 사실을 알았다면 차츰 바꾸어 나가면 된다.

표정 외에도 상대방에게 호감을 줄 수 있는 비언어적 표현이 하나 더 있다. 바로 '아이 컨택'이다. 하지만 생각보다 상대방의 눈을 바라보며 이야기하는 게 쉽지만은 않다. 그래도 힘든 만큼 보상의 크기도 크듯이, 눈만 잘 보며 이야기해도 나에 대한 상대방의 신뢰는 더 두터워진다. 팁을 하나 더 주자면, 아이 컨택도 상황마다 다르게 적용하면 더 효과적이다. 강한 인상을 남기고 싶거나 설득의 마지막 단계에서는 상대방의 미간을 바라보면 되고, 반대로 부드러운 인상을 주고 싶다면 상대방의 콧잔등을 보면 된다. 이렇듯 우리가 간과하고 지냈던 비언어적 표현은 정말 간단하지만, 바로 써먹을 수 있을 뿐만 아니라 나의 호감도도 빠르게 올릴 수 있는 유용한 스킬이다.

같은 말을 반복하지 마라

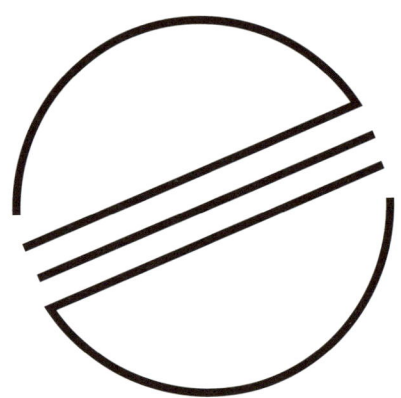

"
우리가 대화하면서 염두에 두어야 할 부분이 있다. 말하는 사람과 듣는 사람의 시간이 다르게 흘러간다는 사실이다. 상황에 따라 다를 수 있지만, 신나게 말하는 사람의 시간은 재미있는 드라마를 보듯 빠르게 흘러가고, 듣는 사람의 시간은 상대적으로 더디게 흐른다. 즉, 말을 들어주는 쪽이 훨씬 힘들다는 뜻이다.

그런데 말하는 사람이, 했던 이야기를 자꾸만 반복해서 한다면, 듣는 사람 입장에서 어떨까? 여기까지 읽고 '나는 그렇지 않아.'라고 생각하겠지만, 의외로 이런 일은 자주 발생한다. "나는 사실 말을 잘하는 편이야. 왜냐하면", "사실 나는 말을 잘하는 편이야. 왜냐하면"과 같이 단어의 앞뒤 순서만 바꾸어 말해서 정작 말한 본인은 반복해서 말한 기억이 없지만, 상대방은 '왜 똑같은 말을 계속하는 거지?'라고 생각할 수 있다. 당신도 한번쯤은 경험해 봤으리라 예상한다.

이렇게 같은 말을 반복하는 것도 피해야 하겠지만, 더 해서는 안 될 행동이 있다. 아니, 어떤 이유에서라도 절대 하면 안 된다. 바로 했던 말을 며칠이 지나서 같은 사람에게 다시 하는 행위다. 쉽게 말해, 일주일 전에 해놓고, 오늘 또 얘기하는 것이다.

내 주변에도 본인의 이야기를 3일, 일주일 간격으로 연거푸 말하는 지인이 있다. 정말 중요한 비밀을 말해주는 것처럼 이야기하고 정확히 3일 뒤에 똑같이 당신에게 말한다고 상상해 보자. '이 사람은 아무한테나 이 이야기를 다 하는구나. 내가 특별한 사람이 아니었구나.'라는 생각이 절로 들지 않을까? 한마디로 특별한 스피치가 한순간에 평범해지는 셈이다.

그럼, 같은 사람에게 같은 말을 나도 모르게 하는 실수를 방지하는 방법은 무엇일까? 일단 "너에게만 특별하게 말해주는 거야."라는 식의 이야기를 하지 않는 게 좋다. 분명 특별히 얘기한다고 해놓고, 며칠 전에 말한 걸 기억 못하고 다시 말하는 것 자체가 우스운 사람이 되는 것이기 때문이다. 특별함은, 남발하는 순간 가치가 떨어진다는 걸 명심해라.

또 상대방에게 중요한 이야기를 했다면, 스마트폰이나 노트에 메모하는 습관을 갖자. 사람은 망각의 동물이라서 모든 것을 다 기억할 수 없기에 권하는 방식이다. 중요하거나 특별한 이야기를 한 상대가 있다면, 의사가 진료 차트를 작성하듯이 메모해 놓자.

```
김 x x
32세
ENFP
나 책 3권 낸거
자랑했음
(성격 별로임)
```

```
이 x x
28세
INFJ
내 말 잘 안 들음
자기 자랑만 함
(나르시시스트인듯..?)
```

오늘, 당신의 인생을 변화시켜 줄 명언 한 줄

"당신의 언어는
당신의 영혼의 힘을 나타내는 것이다."

- 짐 론

상대방이 듣고 싶은 말을 하라

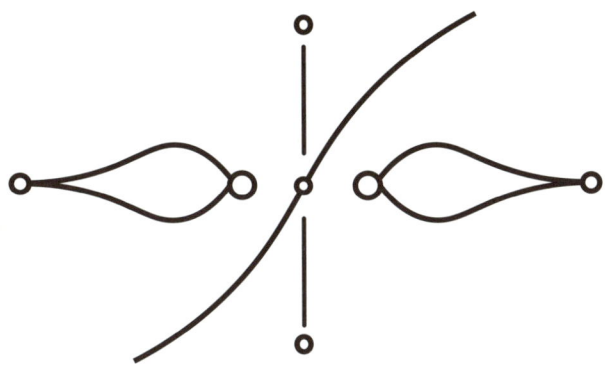

주변을 둘러보면 누가 봐도 말을 잘하는데, 인기 없는 사람이 있다. 그들에게는 이러한 특징이 있다. '본인이 하고 싶은 말만 한다.'

예를 들어, 결혼할 생각이 전혀 없는 사람에게 이런 정보를 알려준다. '좋은 결혼 상대 찾는 법', '좋은 예식장 예약하는 꿀팁', '결혼 생활 잘하는 법' 아무리 유익한 내용이라 할지라도 그에게는 흥미로운 주제가 아니다. 오히려 그 이야기를 듣고 있는 순간을 시간 낭비로 여길 뿐이다. 이렇듯 상대방의 상황과 필요를 고려하지 않는 말은 소음 공해에 지나지 않는다.

그렇다면 이러한 실수를 예방하는 방법은 무엇일까? 바로 나의 이야기만 전달하기보다 상대방에 대한 정보를 파악하는 것이다. 이것이 훌륭한 스피커가 되는 지름길이다. 방법도 간단하다. 상대에게 질문을 하면 된다. 즉, 말할 기회를 줌으로써 그가 궁금해 하는 부분을 인지한 다음, 내가 전달하고자 하는 바를 하나둘 풀어내는 방식이다. 아래 예시를 참고해 보자.

전 | "제가 오늘 소개할 상품은 A입니다. A의 특징은 ……"
후 | "혹시 A 상품을 구매할 때, 고민되는 부분이 있을까요?"

전 | "요즘 이런 스타일이 유행이잖아."
후 | "어, 못 보던 옷이네? 너 이런 스타일 좋아하는구나?"

상대방의 생각을 모두 듣고 난 후, 그 내용을 참고해 나의 의견을 전해도 늦지 않다. 말 속에는 상대방의 취향이 고스란히 묻어 있어, 먼저 듣는다면 대화를 이끌어가는 데도 도움이 된다. 그러니 상대방에게 말할 기회를 먼저 주고, 그가 듣고 싶은 이야기를 해주자. 그러면 당신을 만나는 모든 사람이 당신을 말 잘하는 사람으로 인정할 것이다.

2장

어디에서나 돋보이는 말투

과거형이 아닌
미래형으로 말하라

사회생활, 학교생활 등 여러 인간관계를 맺고 지내다 보면, 누군가와 트러블이 생길 때가 있다. 그런데 원인이 내가 아닌 상대방의 잘못이라면, 그 대상에게 주의를 줘야 할 상황이 생긴다. 하지만 싫은 소리를 하고 싶지 않아서 흐지부지 넘어간다면, 상대방은 당신에게 더 큰 잘못을 저지를 가능성이 높다. 이는 1982년, 범죄학자 제임스 윌슨(James Q. Wilson)과 조지 켈링(George L. Kelling)이 발표한 '깨진 유리창 법칙'과도 비슷한 논리다. 핵심만 전달하자면, 건물에 깨진 유리창이 많은 지역일수록 범죄 발생률이 높아진다.

그 이유는 사소한 피해를 방치했기 때문이라는 것이다. 그 자체가 "당신 마음대로 해도 좋다."는 메시지를 의미하므로, 이러한 관점에서 나를 무시하거나 선을 넘는 행동을 하는 사람에게 단호하게 "싫다."는 표현을 해야만 한다. 그래야 관계에 있어서 더 큰 상처를 입지 않을 수 있다. 그렇다고 매번 주변 사람들의 실수를 일일이 지적하다 보면, 어느 순간 나는 '항상 화내는 사람', '잔소리하는 사람'처럼 부정적인 평판을 듣고 있을 게 뻔하다.

그럼, 어떻게 대응하면 좋을까? 해답은 바로 상대방의 실수나 잘못을 과거형이 아닌 미래형으로 말하는 것이다. 가령, 친구가 약속 시간에 늦었다고 해보자.

> 과거형: "내가 저번에도 늦지 말라고 했지! 너 때문에 항상 나만 기다리잖아!"
> 미래형: "다음부턴 늦지 말자. 네가 정시에 오면 난 더 행복할 것 같아."

후배가 업무를 서툴게 처리했을 때도 이렇게 말할 수 있다.

> 과거형: "너, 이게 대체 몇 번째야! 분명 이렇게 하지 말라고 말했지?"
> 미래형: "다음엔 이렇게 하면 실수가 줄어들 거야. 네가 이걸 꼼꼼하게 봐줘야 나도 일하는 게 쉬워져."

어떤가? 과거형과 미래형의 느낌이 확연히 다르다는 사실을 알 수 있다. 또 어느 쪽이 더 듣기 좋은지 굳이 말하지 않아도 답은 정해져 있다.

솔직히 이 글을 쓰고 있는 나조차도 다른 사람에게 싫은 소리를 하기가 쉽지 않다. 그래도 계속 마주쳐야 한다거나 함께 일해야 하는 사이라면, 거듭되는 불편함을 지켜보고 있을 수만은 없다. 그러니 간단하게 과거형을 미래형으로 바꿔서 이야기해보자. 나의 평판도, 상대방의 태도도, 모두 좋아지는 경험을 하게 되리라 믿는다.

> 오늘, 당신의 인생을 변화시켜 줄 명언 한 줄

"우리가 사용하는 언어는
우리의 감정과 행동을 형성한다."

- 토니 로빈스

'그런데'가 아니라 '그리고'를 사용하라

사람들은 이따금 자기 자신도 모르게 본인의 가치를 떨어뜨리는 동시에 상대방의 기분을 나쁘게 만드는 낱말을 사용하곤 한다. 그중 하나가 '그런데'이다. 여기까지 듣고 놀란 사람이 꽤 많으리라 예상한다. 일상에서 꽤 자주 쓰는 단어라서 '왜?'라는 의문이 들 테니까. 실제로 강의 현장에서도 그런데를 사용하지 말라고 교정해 주면, 많은 교육생이 반문한다. 하지만 그런데는 상대방의 의견을 무시하는 뜻이 담겨 있다. 예를 들어, 데이트를 할 때 당신은 돈가스를 먹자고 했고, 연인은 영화를 보자고 했다고 해보자.

데이트를 마친 후, 당신이 한 "오늘 데이트 어땠어?"라는 질문에 상대방이 "돈가스 먹은 거 말하는 거야? 그런데 영화 본 게 더 좋았어."라고 답한다면 기분이 어떨까? 당연히 썩 좋지는 않다. 은연중에 당신이 제시한 돈가스 먹는 일정이 비교적 좋지 않았다는 의미를 내포하고 있어서다.

다른 예시도 들어보자. 긴 머리를 짧게 잘라 헤어스타일을 바꾼 뒤, 친구에게 "나 어때?"라고 물었는데, "짧은 머리도 잘 어울리네. 그런데 긴 머리가 더 예쁜 거 같아."라는 말을 듣는다면? 상대방은 당신의 모든 선택을 존중해주었지만, 그다지 유쾌하지는 않다.

여기서 우리는 새로운 사실을 하나 알게 된다. 일상에서 예상보다 더 많이 그런데를 남발하며, 그로써 상대방에게 호감을 잃어가고 있음을. 그렇다면 그런데를 무엇으로 바꾸면 좋을까? '그리고'로 바꾸어 보길 권한다. 분명 당신을 주변 사람들에게 좋은 사람으로 기억되게 해줄 것이다. 그럼, 위에서 언급했던 문장으로 연습을 해보자.

전 | "돈가스 먹은 거. 그런데 영화 본 게 더 좋았어."
후 | "돈가스 먹은 거 너무 좋았고 영화 본 것도 너무너무 행복했어."

전 | "짧은 머리도 잘 어울리네. 그런데 긴 머리가 더 예쁜 거 같아."
후 | "짧은 머리도 역시나 잘 어울린다! 그리고 난 긴 머리도 좋았어."

어떤가? 그리고로 바꿨을 뿐인데 훨씬 더 기분 좋은 답변이 되었다. 이를 참고해 일상에서도 습관화해 보자. 단번에 고치는 건 어렵겠지만, 인지하여 꾸준히 실천한다면, 충분히 변할 수 있는 부분이다. 덩달아 당신도 점점 매력적인 사람이 되어 가리라 믿는다.

오늘, 당신의 인생을 변화시켜 줄 명언 한 줄

"신중한 말투는 오해를 피할 수 있는
최선의 방법이다."

- 조지 워싱턴

효율적으로 칭찬하는 법

" 칭찬을 싫어하는 사람이 있을까? 특히 한국인은 칭찬에 약하다. 반면에 칭찬을 많이 해보지 않아서 효율적으로 하는 방법을 잘 모른다. 심지어 잘못된 표현으로 상대방에게 상처를 주기도 한다. 이에 따라 방법을 살짝만 바꿔서 좋은 칭찬을 하면, 상대방의 기분을 설레게 하는 동시에, 호감 있는 사람이 될 수 있다.

그렇다. 우리나라에서는 칭찬만 잘하더라도 언제 어디서든 좋은 관계를 이어 가는 데 큰 도움이 된다. 하지만 한국인은 칭찬을 잘 못한다. 이유는 방법을 배운 적이 없으며, 그에 따라 칭찬을 해본 경험도 적기 때문이다.

여기서 이렇게 반문하는 사람도 있으리라 본다. '칭찬은 그냥 하면 되지 방법이 따로 있다고?'라고 말이다. 그럼, 칭찬을 했는데 되레 마이너스가 되는 상황을 살펴보자.

"이번 달 우리 팀 실적 너무 좋은데?"
"이 프로젝트 아주 잘했어, 대박이야!"
"팀 분위기가 좋아서 회식을 해도 다들 좋아하네."

무엇이 잘못되었는지 발견했는가? 아마 찾기가 쉽지는 않을 테다. 결론부터 알려주자면, 주어가 생략되어 있다는 점이다. 즉, 누가 했는지 주체가 없다. 이는 큰 문제다. 첫 문장을 예로 들어보자. "이번 달 우리 팀 실적 너무 좋은데?"라고 하면, 한 달 동안 부단히 노력한 사람 입장에서는 기분이 상할 수 있다. 덩달아서 '저 사람이 내 성과에 숟가락만 얹으려고 하네?'라는 불만을 가질 수도 있다. 설령 그런 의도가 없었다고 할지라도. 그야말로 칭찬을 하고도 나쁜 감정을 쌓게 된 경우다.

그렇다면 어떻게 이야기하면 좋을까? 답은 이미 위에 나왔다. 당사자를 직접 지목해서 칭찬하면 된다.

전 | "이번 달 우리 팀 실적 너무 좋은데?"
후 | "이 대리가 노력해 준 덕에 이번 달 우리 팀 실적이 너무 좋은데?"

전 | "이번 프로젝트 아주 잘했어, 대박이야!"
후 | "김 과장이 맡은 이번 프로젝트, 아주 잘했어. 대박이야!"

전 | "팀 분위기가 좋아서 회식을 해도 다들 좋아하네."
후 | "팀원들 덕에 팀 분위기가 아주 좋아. 회식을 해도 다들 좋아하네."

다시 강조하지만, 칭찬은 이렇듯 그 결과를 이루어낸 주인공을 직접적으로 언급해야 효율적으로 할 수 있다. 이 역시 습관이다. 오늘부터 나도 모르게 저지르던 칭찬의 실수를 바로잡아보자.

오늘, 당신의 인생을 변화시켜 줄 명언 한 줄

"말은 행동보다 강력하다."

- 한나 아렌트

평가하지 말고 공감하라

우리는 종종 누군가의 고민을 듣게 된다. "오늘따라 왜 이렇게 힘들지?", "요즘 너무 무기력해.", "우리 집은 부모님과 대화가 안 통해." 등 사연도 가지각색이다. 이럴 때마다 당신은 어떻게 반응하는가? 대부분은 이런 식으로 평가하려 든다.

> A: "오늘따라 왜 이렇게 힘들지?"
> B: "너 원래 체력 부족하잖아."

> A: "요즘 너무 무기력해."
> B: "너는 항상 무기력하잖아. 의지도 없고."

> A: "우리 집은 부모님과 대화가 안 통해."
> B: "네가 너무 무뚝뚝한 거 아니야?"

그런데 보통 상대방은 당신에게 평가가 아닌 공감 또는 위로를 구했을 확률이 높다. 그런 사람에게 이런 직설적인 평가는 상처가 될 뿐이다. 그렇다면 어떻게 호응을 해주면 좋을까?

공감은 상대방이 눈물을 보인다고 해서 함께 울어주는 게 아니다. 그보다 슬픈 원인을 알기 위해 노력하는 모습에서 상대방은 위로를 받는다. 그러니 이렇게 물어보며 그의 이야기를 들어주자. 그것만으로도 충분하다.

> A: "오늘따라 왜 이렇게 힘들지?"
> B: "무슨 일 있어? 씩씩한 네가 힘들어하는 거 처음 봐."

> A: "요즘 너무 무기력해."
> B: "혹시 고민있어? 너처럼 활발한 애가 무기력하다니 걱정되네."

A: "우리 집은 부모님과 대화가 안 통해."
B: "부모님이랑 트러블이 있었던 거야? 나는 평소에 너처럼 부모님과 잘 지내고 싶다고 생각했는데."

이렇게 이야기를 들어주는 데서 출발하면, 상대방이 안고 있는 문제의 해결 방안도 찾을 수 있고, 서로의 관계도 한층 더 좋아지는 계기가 된다. 명심해라. 누군가의 고민을 판단하지 말고, 공감하며 위로해라. 고민을 털어놓는 상대방에게 그보다 뛰어난 특효약은 없다.

오늘, 당신의 인생을 변화시켜 줄 명언 한 줄

"말의 힘은
세상을 변화시키는 데 사용될 수 있다."

- 버락 오바마

'때문에'가 아닌 '덕분에'로 말하라

우리가 자주 사용하지만, 나의 이미지와 운을 빼앗아 가는 낱말이 있다. '때문에'가 그것이다. 이런 말을 일상에서 수시로 말하기도 하고, 흔히 들을 수 있어서 깜짝 놀란 사람도 있으리라 예상한다. 그런 당신을 위해 설명을 이어가 본다. 아래 두 문장을 읽어보자.

"너 때문에 잘되었어."
"너 때문에 내가 행복하잖아."

물론, 틀린 표현은 아니다. 그러나 때문에의 기본형인 '때문'의 의미가 '어떤 일의 원인이나 까닭'임을 알고 나면, 이야기는 달라진다. 대신 내가 권한 '덕분'은 국어사전에서 '베풀어 준 은혜나 도움'이라고 정의하고 있다.

이에 따라 때문에는 상대방의 책임을 묻거나 잘잘못을 따질 때 사용하는 게 더 알맞다. 이렇게 말이다. "너 때문에 우리가 실패했어.", "너 때문에 다쳤잖아.", "너 때문에 차 놓쳤어." 대신 누군가에게 고마운 마음을 전할 때는 때문에가 아닌 덕분에를 활용하는 게 적절하다. 앞서 언급한 문장으로 연습해 보자. 단어 하나만 바꾸었을 뿐인데, 전혀 다른 느낌으로 다가올 것이다.

> 전 | "너 때문에 잘되었어."
> 후 | "네 덕분에 잘되었어."

> 전 | "너 때문에 내가 행복하잖아."
> 후 | "네 덕분에 나는 행복해."

이런 덕분에는 상대방이 잘못했을 때 적용해도 효과적이다. 가령, 상대방으로 인해 게임에서 졌더라도 "네 덕분에 우리 팀의 단점을 찾는 계기가 되었어."라고 하거나, 버스를 놓쳤더라도 "네 덕분에 그곳에 가는 가치가 더 커졌어."라고 말한다고 해보자. 서로 감정도 상하지 않고, 오히려 당신을 좋은 사람으로 만들어준다.

이와 관련해 언어 철학자 비트겐슈타인Ludwig Josef Johann Wittgenstein은 "일상에서 쓰는 말이 곧 자신의 상태를 나타낸다."라고 말했다. 즉, 어떤 언어를 쓰느냐에 따라 그 사람의 모든 것이 바뀔 수 있다는 뜻이다. 심지어 말을 바꾸는 데는 비용도 들지 않으니, 오늘부터 때문에를 남발하기보다 의식적으로 덕분에를 사용해 보자.

오늘, 당신의 인생을 변화시켜 줄 명언 한 줄

"말이 당신의 인격을 정의할 것이다."

- 에이브러햄 링컨

옳은 말이 아닌 친절한 말을 하라

'바른말' 또는 '옳은 말'이라는 표현이 있다. 이는 '이치에 맞고, 합리적인 말'이라는 뜻으로 겉으로 봤을 때는 긍정의 의미로 다가온다. 하지만 무조건 좋게 들리는 건 아니다. 쉬운 설명을 위해 예시를 들어보겠다.

가령, 최근 체중이 늘어난 듯한 지인에게 "요즘 살이 좀 쪘네요?"라는 말을 했다고 해보자. 실제로 그 사람이 살이 쪘다면, 틀린 말이 아니다. 즉, 바르고, 옳은 말이다. 그렇다고 하더라도 그 말이 반갑지는 않다. 오히려 상처가 될 수 있다. 또 키가 큰 여자에게 "A 님은 여자치고 키가 정말 크네요, 부러워요."라고 한다면? 나는 칭찬이라고 생각했지만, 어렸을 때부터 키가 크다는 이유로 놀림을 받아온 사람에게는 듣기 싫은 소리다.

그럼, 어떻게 이야기하면 좋을까? 예시를 참고해 연습해 보자.

전 | "요즘 살이 좀 쪘네요?"
후 | "얼굴이 부쩍 환해졌네요? 비결이 뭐예요?"

전 | "A 님은 여자치고 키가 정말 크네요, 부러워요."
후 | "A 님은 비율이 정말 좋네요. 부러워요."

어떤가? 당사자가 아닌데도 기분이 좋다. 친절한 느낌도 든다. 그러나 직접 해보려고 하면, 생각만큼 쉽지는 않을 테다. 특히 처음 만난 대상에게 이런 센스를 발휘하는 건 더 어렵다. 그래서 만나기 전에 상대방과 친분이 있는 지인에게 물어보거나 SNS를 둘러볼 필요가 있다. 이는 곧, 친절한 사람이 되려면, 약간의 노력이 뒷받침되어야 한다는 의미다.

물론, 귀찮게 여겨질 수 있다. 그럼에도 좋은 관계를 형성하고 싶다면 필요한 부분이다. 양은냄비에 빠르게 끓은 찌개와 뚝배기에 천천히 달궈진 찌개의 맛이 다르듯, 다소 시간이 걸리더라도 친절함으로 다가간다면, 두

터운 사이로 발전하게 되는 건 기본이고, 당신을 계속 만나고 싶은 매력적인 사람으로 만들어 주리라 믿는다.

이렇게 설명해도, 이따금 "내가 좀 직설적이야.", "나는 솔직한 게 강점이야.", "사실을 말한 것뿐인데 왜 그래?"라며 무례한 태도를 고집하는 이들이 있다. 바른말, 옳은 말이라는 핑계를 대면서. 하지만 결국 그들 곁에 남아있을 사람은 그리 많지 않다. 그러니 기억하자. 바른말, 옳은 말이라고 해서 언제나 좋은 건 아니다. 대신 친절함으로 다가가자.

오늘, 당신의 인생을 변화시켜 줄 명언 한 줄

"당신의 말은 사람들의 마음에 오래 남는다."

- 오프라 윈프리

평가를 위한 질문보다 상대를 위한 질문을 하라

당신은 누군가와 대화를 할 때, 당신이 말을 주로 하는가? 상대방이 주로 하는가? 대부분은 본인이 말을 많이 해야 주도권을 잡는다고 생각한다. 하지만 이는 명백한 착각이다. 왜냐하면 일반적으로 우리는 말을 하면서 본인의 가치를 드러내기 마련인데, 상대방이 말을 많이 하면 할수록 대화에 유리해져서 그렇다. 그가 하는 이야기에 경청만 하더라도 알게 되는 정보가 많아지니, 주도권을 가져올 수 있는 것이다.

여기에서 핵심은 상대방이 말을 많이 할 수 있게 유도해야 한다는 점이다. 가장 확실한 방법은 질문이다. 다만, 주의할 점이 있다. 평가 혹은 떠보는 식으로 물어서는 안 된다는 것이다. 그렇게 물었다가는 대화가 끊어져 아무런 정보를 얻을 수 없기 때문이다. 그래서 내 중심이 아닌 상대방 중심으로 물어야 한다. 예를 들어, "혹시 운동 좋아하세요?"라고 물었을 때, 상대방이 운동을 좋아한다면 대화가 자연스럽게 흘러가겠지만, 그렇지 않을 경우에는 "그다지 좋아하지 않습니다."라는 대답에 당신은 "아, 그렇군요."라고 응수할 수밖에 없을 것이다. 대신 이렇게 묻자.

"취미가 뭐예요?"
"어떤 음식을 좋아해요?"
"평소 집에 있을 땐 뭘 하시나요?"

이런 질문은 상대방이 신나게 이야기할 수 있게 만든다. 그야말로 열린 질문인 것이다. 또 이를 통해 우리는 상대방의 취향 즉, 좋아하는 것, 싫어하는 것, 생활 습관 등 다양한 정보를 얻을 수 있다.

우리는 본인도 모르는 사이 '나' 중심의 질문을 한다. 그런 질문은 상대방을 평가하는 것과도 같다. 그런 의도가 상대방에게 전해지면 당연히 기분이 상할 수밖에 없다. 그러니 좋은 관계를 이어가고 싶다면, 대화를 주도하고 싶다면, 내가 아닌 상대방 중심의 질문을 하자.

감동을 넘어
감격을 주는 감사 인사법

살아가면서 감사 인사를 전해야 할 때가 참 많다. 그러나 이런 감사 인사를 어려워하는 사람이 많아 보인다. 체감상으로는 질문하는 것 다음으로 힘들어하는 듯하다. 하지만 이 스킬 하나만 익혀도 감동을 넘어 감격을 주는 감사 인사를 할 수 있다. 본론부터 말하자면, 행동이 아닌 존재 자체에 고마움을 전하는 것이다. 다음 예시를 통해 그 차이를 알아보자.

"저에게 물건을 구매해 주셔서 감사합니다."

"엄마, 새 신발 사주셔서 감사해요."

"아들, 숙제 미리미리 잘해줘서 고마워."

모두 어떤 행위에 대한 마음을 전하는 말이다. 물론, 나쁘지 않다. 그런데 이 행위를 한 사람 존재 자체에 의미를 부여해 이렇게 말한다면 어떨까?

> 전 | "저에게 물건을 구매해 주셔서 감사합니다."
> 후 | "저에게 물건을 구매해 주신 분이 고객님이라 정말 감사하네요."

> 전 | "엄마, 새 신발 사주셔서 감사해요."
> 후 | "갖고 싶던 신발을 선물해 준 엄마가 제 엄마여서 감사하고, 행복해요."

> 전 | "아들, 숙제 미리미리 잘해줘서 고마워."
> 후 | "이렇게 숙제를 미리미리 잘하는 아이가 엄마 아들이어서 참 감사해."

사람은 누구나 '나'라는 사람이 존재하는 이유를 찾는다. 가족, 직장, 모임 등 어디에서든지 말이다. 이런 이유로 존재 자체에 대한 감사 인사는 감동을 줄 뿐만 아니라 평생 기억에 남을 만한 감격을 선물한다. 혹 지금까지 감사 인사를 하는 게 부담스러웠다면, 상대방의 행위가 아닌 그 사람의 존재에 집중한 칭찬을 해보라.

진실한 호응으로 가까워져라

사람은 심리적으로 본인과 비슷한 사람에게 끌린다. 그래서 말투, 취미, 패션 감각 등이 통하면 호감을 느낀다. 이를 심리학 용어로 '미러링 효과 Mirroring Effect'라고 한다. 여기서 '미러링 mirroring'이란, 상대방의 언어, 제스처 특히 비언어적인 부분을 모방하는 행동으로, 보통 가족이나 가까운 친구 사이에서 일어난다. 재미있는 점은 이 현상이 무의식적으로 일어나서 양쪽 모두 그런 태도를 인지하지 못한다는 것이다. 그런 와중에도 상호 간의 라포르 rapport 즉, 상호 신뢰감은 형성된다.

이 사실을 참고해 누군가의 행동을 따라 하거나 가볍게 동조를 하는 것만으로도 긍정적인 관계로 발전할 수 있다. 가령, 상대방이 물을 마시면 비슷한 타이밍에 물을 마신다거나, A가 취미라고 하면 "저도요."라고 호응하거나, 비슷한 포인트에서 함께 즐거워하거나 슬퍼하면 된다.

이해를 돕기 위해 설명을 곁들여 보자면, 당신과 같은 취미 생활을 하며, 좋아하는 연예인이 같고, 당신의 말에 공감해 준다면 어떤 마음이 들까? 당연히 그와 더 많은 시간을 보내고 싶어질 테다.

한편, 미러링은 효과는 좋지만 필히 주의해야 할 점이 있다. 비슷한 척하려는 걸 들키면 안 된다는 것이다. 이는 유일한 단점이라고도 할 수 있는데, 의도적으로 따라 한다는 느낌을 주게 되면, 맞은편에서는 '나에게 다른 목적이 있는 건가?' 하면서 당신을 멀리할 가능성이 높다. 티 나지 않게, 적당히 다가가야 하는 게 핵심이다.

여기에 하나 더 추가하자면, 거짓말은 피해야 한다. 쉽게 말해, 상대방이 "제 취미는 테니스예요."라고 할 때, 테니스에 대해 전혀 알지도 못하면서 "저도 테니스가 취미예요."라고 해서는 안 된다. 이런 거짓말은 몇 마디만 나눠 봐도 금세 들통나며, 당신이 솔직하지 않았음을 상대방이 인지하는 순간 비호감이 되고 만다. 아무리 좋은 스킬도 과유불급인 셈이다.

그럼, 이런 상황에서는 어떻게 반응하면 좋을까? 다음처럼 표본을 넓혀서 답하면 된다. 결코 어렵지 않은 표현이니 잘 기억해 두었다가 활용하길 바란다.

> 상대방: "제 취미는 테니스예요."
> 나: "저도 운동 좋아해요. 그런데 아직 테니스는 쳐본 적이 없네요. 엄청 재미있나 봐요?"

오늘, 당신의 인생을 변화시켜 줄 명언 한 줄

"훌륭한 말은 훌륭한 마음에서 나온다."

- 아리스토텔레스

희석시켜서 이야기하라

우리는 종종 이용할 의사가 없는 사람을 대상으로 설득하는 장면을 목격한다. 이때 가장 많이 하는 실수가 있는데, '위협 소구'가 그것이다. 위협 소구란, 대중의 현상을 언급해 공포감을 심어줌으로써 수요자의 동기를 유발하는 커뮤니케이션 스킬이다. 그런데 설득을 하려다가 오히려 상대방의 기분을 상하게 하기도 한다. 주로 아래와 같은 상황에서 발생한다.

"아줌마들이 흔히 하는 실수 중에 하나입니다."

"고객님과 같이 갱년기의 여성들이 많이 사용하시죠."
"자녀분처럼 최하위권 성적의 학생들에게 탁월합니다."

무엇이 문제일까? 모두 맞는 말일 테다. 또 위협의 요소도 적절히 포함되어 있다. 하지만 상대방의 기분은 지켜주지 못했을 확률이 높다. '아줌마', '갱년기', '최하위권 성적'이 듣는 사람 입장에서는 유쾌한 단어는 아니기 때문이다. 이렇게 말한 본인 스스로도 좋아할 수는 없는 표현들이다.

그렇다면 어떻게 이야기해야 전혀 생각이 없었던 이의 마음을 열어 결정하게 하고, 기분도 맞춰줄 수 있을까? 바로, 맞는 말을 하더라도 직접적인 어휘를 피하면 된다. 즉, 긍정적으로 들리지 않을 느낌의 언어는 순화해서 전달하는 것이다. 그럼, 위에 들었던 예시를 이렇게 바꿔보자.

전 | "아줌마들이 흔히 하는 실수 중에 하나입니다."
후 | "현명한 어머님들이 이 부분을 몰라서 손해를 보시더라고요."

전 | "고객님과 같이 갱년기의 여성들이 많이 사용하시죠."
후 | "제2의 사춘기가 온 숙녀분들이 많이 찾는 제품입니다."

전 | "자녀분처럼 최하위권 성적의 학생들에게 탁월합니다."
후 | "자녀분처럼 가능성이 무궁무진한 학생들에게 탁월합니다."

이와 같이 아줌마를 현명한 어머님, 갱년기를 제2의 사춘기, 최하위권 성적을 무궁무진한 가능성으로 희석하여 전달하면, 비슷한 의미도 전혀 다른 의미로 받아들이게 된다. 설득을 위한 언어 희석의 원리에는 다음과 같은 효과가 있어서다.

① 상대방을 부끄러운 존재로 만들지 않는다.

② 상대방의 잘못을 상황의 잘못으로 돌린다.

③ 상대방을 평가하지 않는다.

이러한 이유로 누군가를 설득해야 한다면, 스스로 사용하는 언어를 점검할 필요가 있다. 비록 사실에 근거한 말이라 할지라도 순식간에 상대방의 기분을 나쁘게 할 수 있으니 주의해야 한다. 이래서 '아 다르고 어 다르다.'고 하는가 싶다.

당신이 옳다는 말 한마디

우리 주변에는 본인 말만 맞다고 우기는 사람들이 있다. 심지어 틀린 정보를 들이밀며 나를 나쁜 사람으로 만들기도 한다. 이렇게 막무가내인 이들은 어떻게 대처하면 좋을까? 물론, "똥이 더러워서 피하지 무서워서 피하나."라는 말도 있듯이 회피하는 것도 하나의 방법이지만, 회사 상사 또는 동료처럼 매일 마주쳐야 하거나 그 외에도 자주 봐야 하는 사이라면, 다른 대책이 필요하다. 이런 경우에 제법 효과적인 한마디가 있다. 바로 "당신이 옳습니다."이다. 상대방이 옳지 않아도 상관없다. 왜냐하면 실제로 억지를 부리고 있다는 사실을 가장 잘 아는 건 본인이다. 당장에는 인지하지 못하더라도 시간이 지나서 깨닫게 된다. 만일 끝까지 모른다면, 지능적으로 문제가 있을 확률이 높다.

아무튼 억지를 부리는 상황에 스스로 억지를 부리고 있음을 알든 모르든, 그런 그에게 정답을 말해준다 하더라도 대화를 이어 가기란 쉽지 않다. 오히려 시도하면 시도할수록 하지 않아도 될 말을 하게 되어, 실수하게 되거나 상대방을 더 극단적으로 만들 뿐이다. 대신에 "당신이 옳다."며 상대를 안아주면, 더는 실랑이를 하지 않아도 된다.

비슷한 예로 투정을 부리는 아이가 있다고 해보자. 어린아이에게는 아무리 논리적으로 설명해도 이해시키기 어렵다. 그보다 "그래, 네 말이 맞아."라며 안아주면, 이내 화가 사그라드는 걸 볼 수 있다.

다시 말해, 억지 부리는 사람을 자극하지 말고, 진정부터 시키자는 의미다. 더욱이 "당신이 옳다."라는 말에는 "당신의 지능이 나보다 높다."라는 뜻도 담겨 있어서, 당장이라도 폭발할 것처럼 열을 내던 사람도 이 말을 듣게 되면 흥분을 가라앉히고, 대화할 준비를 하는 모습을 보여주기도 한다.

이때 주의해야 할 사항이 있다. 상대방에게 옳다고 말했다고 해서 끝까지 상대방 중심으로 이야기를 해서는 안 된다는 점이다. 아래와 같이 존중은 하되 문제가 된 부분에 대해서는 단호한 태도로 접근해야 한다.

"당신이 옳습니다. 저였어도 화가 많이 날 것 같아요. 하지만 계속 화만 낸다면 문제를 해결해 드리기 어려운 것도 사실입니다. 제가 도와드릴게요."

솔직히 우리나라 사람들은 "당신이 옳다."라는 말을 하기를 상당히 힘들어하는 듯하다. 예상컨대 초·중·고등학교 학창 시절부터 대학, 취업까지 상대평가로 경쟁하는 구조에서 성장해 온 영향이 아닐까 한다. 상대방이 옳다고 하면, 내가 손해를 보는 느낌이 드는 것이다.

하지만 상대방에게 나에 대한 호감을 갖게 하고, 내가 원하는 결과를 얻는 자가 진정한 승자라고 할 수 있다. 그러니 "당신이 옳다."는 말 한마디로 부드러운 분위기부터 만들어 놓고, 문제를 풀어나가 보자.

당연히 지금까지 이 화법을 사용하지 않았다고 해도 당신의 말과 행동은 모두 옳았다. 그런 당신이 이 화법으로 더욱더 매력적이고 능력 있는 사람이 되었으면 한다.

상대방의 생각을 물어라

나는 보험 영업을 시작으로 쇼호스트, 프리랜서 강사로 활동하며 많은 사람을 만났다. 그 과정에 나를 좋아하는 사람, 나를 싫어하는 사람, 나에게 관심이 없는 사람들이 있었고, 이 외에도 여러 유형의 사람과 마주했다. 그리고 나는 그들과 대화하면서 이런 공통점을 발견했다. 누구나 본인의 이야기를 하고 싶어 하고, 중요한 사람이 되고 싶어 하는 욕구가 있다는 사실이다. 이와 함께 말을 잘한다는 건 상대방의 말에 귀 기울여주는 즉, 경청을 잘하는 것임을 깨달았다.

세상에는 똑똑하고 실력 있는 사람이 많다. 하지만 그들 모두가 리더가 되지는 못한다. 그렇다면 리더가 되는 사람과 리더가 되지 못하는 사람 사이에는 어떤 차이가 있을까? 바로 앞에서 언급한 경청의 자세에 있다. 리더가 되는 사람들은 대체로 상대방의 감정을 살피고, 이야기를 잘 들어주면서 공감을 해준다. 심지어 말을 많이 하지 않아도 따르는 사람이 많다. 이들은 보통 이런 말을 자주 사용한다.

"네 생각은 어때?"
"너라면 이런 상황에 어떻게 하겠어?"

이해를 돕기 위해 예시를 하나 들어본다. 당신은 친구와 식사 약속을 했다. 그런데 친구가 만나자마자 다음과 같이 말한다. 과연 누구와의 식사가 더 즐거울까?

A: "오늘 돈가스가 먹고 싶네. 우리 돈가스 먹자."
B: "나는 오늘 돈가스가 좀 당기는데, 너는 뭐가 먹고 싶어?"

아마 모든 사람이 B와 밥을 먹고 싶어 하리라 예상한다. 세상에 독불장군을 좋아할 사람은 없으니 말이다. 비단 식사 메뉴를 정할 때만 해당되는 사항이 아니다. 어떤 선택이든 독단적으로 진행하면, 주변에 사람이 모이기는 힘들다.

물론, 상대방이 나에게 모든 선택권을 맡겼다 하더라도 의견을 물었을 때와 묻지 않았을 때의 결과는 엄연히 다르다. 내 임의로 판단해 통보를 하면 불만이 생길 수 있지만, 최후 결정을 하기 전에 상대방의 생각을 묻기만 해도 그런 소음은 줄일 수 있다.

이 대화법은 아이디어 회의를 하는 순간에도 활용할 수 있다. 만일 당신이 제시한 A라는 방법으로 결정되었으면 하는 마음이 있다고 해보자. 이때 누군가 B를 제안한다면, 어떻게 분위기를 끌어가는 게 좋을까? "우리는 그냥 A로 갑니다." 혹은 "정말 B가 맞아? 생각하고 한 말이야?"라며 강압적으로 밀어붙이기보다 "B라는 의견이 있는 줄 몰랐네. 다른 분들은 어떻게 생각해요?"라고 한 다음 "좋은 의견 내주셔서 고맙습니다. 하지만 지금 상황에는 A 방식이 더 합리적일 듯합니다."라고 마무리하는 게 당신에게 도움이 된다. 마음으로는 이미 A로 결정했다고 하더라도 상대방의 생각을 묻고, 존중하는 모습에서 매력을 느낄 테니까.

이처럼 누군가의 목소리에 귀 기울여주고, 의견을 물어보는 것만으로도 당신의 가치는 올라간다. 또 이게 습관이 된다면, 어느새 당신을 따르는 사람이 늘어나 있을 게 분명하다.

나의 말에 부사를 제거해라

" 매력적으로 말하는 사람들의 언어에는 대체로 이게 없다. 바로 '부사'다. 참고로 부사는 다른 말 앞에 쓰여 그 뜻을 분명하게 하는 품사로 '매우', '과연', '너무' 등이 여기에 포함된다.

그런데 일반적으로 부사를 넣지 않고 말하기는 쉽지 않다. 예를 들어, 오늘 먹은 돈가스가 맛있어서 친구에게 설명을 한다고 해보자. "조금 전에 먹은 돈가스가 정말 대박 맛있었어."라고 하면, 당신의 소감은 간단하게 나타낼 수 있다. 그러나 이 말을 듣고 친구가 감동할 확률은 얼마나 될까?

반면에 부사를 제거한다면, 돈가스의 맛을 어떻게 전달할 수 있을까? 시작부터 '어떻게 하지?'라는 생각과 함께 고민이 된다. 그래도 이 정도로만 표현할 수 있다면, 내 감정을 충분히 담았다고 할 수 있지 않을까?

"오늘 먹은 돈가스는 내가 식단 관리하느라 탄수화물, 튀김, 소스를 입에도 안 대다가 3박 4일 만에 처음으로 먹은 탄수화물 같은 맛이었어……. 그야말로 평범하지 않은 특별한 맛이야."

어떤가? 흔한 묘사는 아니다. 그렇다. 말을 하거나 글을 쓸 때 부사를 곁들이면, 어떤 얘기든 하기 쉽지만, 그렇지 않으면 정말 어려워진다. 하지만 그렇게 어렵게라도 부사를 안 쓰고 표현하는 연습을 한다면 상대방은 부사를 썼을 때보다 몇 배로 감격스러워한다.

본디 인간의 심리란 단순해서, 쉽고 편한 것보다 어렵고 힘든 것에 크게 감동해서 그렇다. 그러니 누군가의 마음을 얻고 싶다면, 부사를 제거한 언어를 사용하는 게 좋다.

대화 속의 통역사가 되어라

같은 한국어로 소통하더라도 번역이 필요할 때가 있다. 왜냐하면 사람마다 생각이 다르기 때문이다. 또 동일한 대한민국 국민이라 하더라도 살아온 시대, 가정환경, 직업 등에 따라 가치관이 다를 수밖에 없다. 그래서 비슷한 말을 해도 각자 다르게 받아들인다.

예를 들어, 어느 사무실에서 20대 직원이 "저는 오늘 정시 퇴근이 목표입니다."라고 했다고 해보자. 그러면 90년대부터 직장 생활을 한 사람은

'회사를 너무 만만하게 보는 거 아냐?'라고 생각할 수도 있다. 본인이 사회 초년생일 때는 매일 야근을 해도 불평하는 사람이 없었고, 그게 당연한 분위기였기에 고운 시선으로 보이지 않는 것이다.

반면, 그의 동기 혹은 또래는 '목표가 뚜렷한 사람', '주어진 일에 최선을 다하는 사람'으로 평가한다. 오늘 하루를 헛되이 보내지 않고, 퇴근 시간 전까지 맡은 업무를 마무리하겠다는 의지로 보는 것이다. 경우에 따라서는 '당당한 사람'으로 인식되기도 한다. 본인의 의지를 정확하게 밝혔으므로.

이 외에도 성별, 지역, 정치관 등 눈에 보이지 않는 많은 차이가 존재한다. 그것이 언어에 드러남에 따라 갈등이 생기는 것이다. 이에 따라 그 사이를 좁혀주는 연결자 즉, 통역사 역할을 하는 사람은 매력적일 수밖에 없다.

흔히 접할 수 있는 상황으로 설명을 덧붙여보자면, 부모님에게 의견 충돌이 일어났다. 이때 "아빠 엄마는 왜 계속 싸우는 거야!"라고만 하면 골은 깊어지겠지만, 아빠에게는 "엄마는 이래서 그랬을 거야.", 엄마에게는 "아빠는 이래서 그랬을 거야."라는 한마디만 건네줘도 빠르게 가정의 평화를 찾게 된다.

친구들에게 트러블이 생겼을 때도 마찬가지다. 강 건너 불구경하듯 하거나 "정말 걔가 그랬어?", "너는 가만히 있었어?"라고 하면 불난 집에 부채

질하는 격이다. 친구 관계가 멀어지길 바라지 않는다면 서로에게 "A는 군장교 출신이잖아. 그래서 이런 생각을 하지 않았을까?", "B는 프리랜서 생활을 오래 했잖아. 어쩌면 조직 생활을 오래 한 너의 행동을 이해 못했을 수도 있어."와 같은 말을 들려줌으로써 오해를 풀어나가는 게 현명하다.

꼭 기억하자. 같은 언어 안에서도 여러 벽이 존재한다. 이 이유로 오해와 다툼이 생기기도 하지만, 언어 통역사만 있다면 순조롭게 해결될 가능성이 높다. 만일 당신이 그 역할을 자처한다면, 당신은 언제 어디서나 환영받는 사람이 될 게 분명하다.

> 오늘, 당신의 인생을 변화시켜 줄 명언 한 줄

"듣는 사람의 감정을 존중하는 말투는
가장 위대한 소통 방식이다."

- 에리히 프롬

상대방의 호기심을 자극하라

행동경제학자 조지 로윈스타인George Loewenstein에 의하면 사람은 무언가에 대해 0% 즉, 아예 모르는 것보다 75% 정도 알고, 나머지 25%를 모를 때 호기심이 극에 달한다고 한다. 아래처럼 말하면, 상대방은 마치 어린아이가 된 듯 나머지 정보를 알고 싶어 안달한다는 것이다.

"어제 새로 등록한 학원에 갔는데, 네가 전에 관심 있다고 했던 애가 있더라고. 근데 아, 아니다."

"너 A 소식 들었어? 못 들었어? 아, 좋은 일은 아니어서……."

"나, 지난주에 초등학교 동창회에 갔었거든? 너 B 알지? 진짜 대박이더라. 아, 아니다."

모두 상대방이 어느 정도 알고 있는 지식 외의 모르는 부분을 자극하는 이야기다. 아주 단순하지만 상대방의 궁금증을 최고조에 이르게 하여 나에게 집중하게 만드는 스킬이다. 다른 예시도 살펴보면서 당신 것으로 만들어 상대방에게 필요한 사람이 되어 보자.

"너 식단 관리 열심히 하지? 그럼, 혈당 관리가 중요한 것도 알겠네? 내가 국밥을 먹고도 혈당이 급격하게 오르지 않게 하는 방법을 알고 있는데."

이 말에 상대방은 당신이 알고 있는 지식에 대해 관심을 보일 수밖에 없다. 그럼 당신이 알고 있는 정보를 다음과 같이 자세히 설명해 주면 된다.

"거꾸로 식사법이라고, 밥부터 먹는 게 아니라 고기부터 다 건져 먹은 다음 밥과 국물을 먹으면 돼. 일반식을 할 때도 마찬가지야. 채소-고기-탄수화물(밥) 순서로 먹으면, 혈당이 빠르게 오르는 걸 방지할 수 있어."

한편, 75% 정도의 정보를 먼저 오픈하고, 나머지 25%를 주지 않아도 비슷한 상황이 발생한다. 쉬운 설명을 위해, 당신이 상대방에게 말 잘하는 법을 알려준다고 가정해 보자. 이때 "말 잘하는 방법은 C와 D야."라고 말하는 건 효과적이지 않다. 해당 분야에 관심이 많은 사람이라면 모르겠지만, 보통은 지루함을 느낄 수밖에 없기 때문이다. 대신, 이렇게 75%만 알려주면 나머지 25%를 더 듣고 싶어 하는 상대방의 모습을 볼 수 있다. 이를 일명 '공백 이론'이라고 한다.

"말을 잘하려면, 초반에 상대방이 듣고 싶은 말을 먼저 해주는 게 좋아. 그 내용이 상대방에게 득이 되는 말이면 효과는 더 커질 거야. 그런데 이것보다 더 중요한 게 있어."

이 다음 상대방 반응은 어떨까? 당신이 더 중요하다고 한 내용을 말해주길 기다릴 게 분명하다. 만일 당신이 뜸을 들이면 현기증이 난다며 빨리 알려달라고 다그칠 수도 있다.

최근 각종 SNS의 숏폼으로 인해 많은 사람의 집중력이 떨어졌다고 한다. 이런 시대의 흐름에 긴 호흡으로 무언가를 전달하기보다 지식의 공백을 자극하는 방식이야말로 목표한 메시지를 제대로 전달하는 기술이 아닐까.

오늘이 삶의
마지막이라고 생각하라

"
2001년 9월 11일, 미국에서 사상 최악의 테러가 발생했다. 당시 뉴욕의 세계무역센터에 테러범들이 장악한 비행기가 충돌한 것이다. 건물 내부의 온도는 1,000도 이상이었고, 높이는 110층이었다. 이에 따라 건물 안에 살아남아 있던 희생자들은 사실상 구조가 불가능한 상황임을 직감했다.

그렇게 자신의 죽음을 예상했던 이들은 마지막에 어떤 말을 남겼을까? 그동안 미워했던 사람에게 욕을 퍼부었을까? 세상을 부정했을까? 놀랍게도 그들의 마지막 통화와 SNS 내용에는 다음과 같이 가족과 지인들을 향한 사랑의 메시지로 가득 차 있다.

"질, 내가 있는 층에 불이 났어. 사랑하고, 니콜에게도 사랑한다고 전해줘. 여기서 내가 어떻게 될지 모르겠어. 정말 사랑해."

"지금은 괜찮아요. 전 안전한데 연기가 좀 많이 나네요. 그냥, 제가 엄마를 얼마나 사랑하는지 말하고 싶었어요. 안전해지면 전화할게요. 안녕, 엄마."

"불이 붙었고, 나는 그 안에 있어. 그래서 숨쉬기가 어려워. 모두에게 내가 사랑한다고 전해줘. 만약 내가 이곳에서 나가지 못하더라도 잘 지내."

이렇듯 인간은 죽음을 예상하고 맞닥뜨리면, 누군가를 미워하거나 힘들었던 순간보다는 즐겁고 행복했던 기억을 떠올리며, 더는 사랑하지 못한다는 현실에 아쉬움과 슬픔을 느낀다.

한편, 죽음학에는 두 가지 명제가 있다. 첫째는 한계성이다. 우리가 언제 죽을지 아무도 모른다는 것이다. 둘째는 유한성으로 누구에게나 끝이 있다는 것이다. 이렇게 언제 갈지 모르고, 그 끝이 언제일지도 모르는 죽음학은 우리에게 한줄기 질문을 준다. "오늘이 삶의 마지막 날이라면 오늘 하루를 어떻게 살고 싶은가?"가 그것이다.

이 질문의 핵심은 무엇을 "해야 한다."가 아닌 "하고 싶다."에 있다. 당신이 오늘이 마지막이라면, 아마 제일 먼저 소중한 사람을 떠올릴 것이고, 그와 함께 남은 시간을 함께 보내고 싶어 할 것이다. 또 신세 한탄을 하기보다 무엇이 가장 고마웠는지에 대해 나눌 것이다.

이쯤에서 911테러 희생자들의 마지막 대화를 다시 한번 읽어보자. 그리고 부끄러워서, 서먹해서, 자주 해보지 않아서 못했던 말, 사랑한다는 말을 사랑하는 사람들에게 아낌없이 나누어주자. 그 즉시 행복해질 것이다.

오늘, 당신의 인생을 변화시켜 줄 명언 한 줄

"위대한 지도자는 말로 전쟁을 이길 수 있다."

- 윈스턴 처칠

존댓말을 사용하라

" 미국의 심리학자 에이브러햄 매슬로Abraham Harold Maslow는 '인간에게는 타인에게 인정받고 싶어하는 욕구가 있다.'고 말했다. 칭찬받고 싶고 좋은 평가를 받고 싶은 마음, 훌륭하다는 말을 듣고 싶은 마음, 타인에게 대단하다고 여겨지고 싶은 마음, 언제 어디에서나 특별한 인간으로 기억되고 싶은 마음, 다른 사람들보다 뛰어나 보이고 싶은 마음을 본능적으로 갖고 있다는 것이다.

특히, 우리나라는 인정과 존중에 목말라 있다. 이에 따라 존중의 말, 인정의 말만 사용해도 인간관계와 사회생활에서 굉장히 좋은 점수를 받는다. 다음에 소개할 에피소드를 통해 당신도 이 주장에 동의하리라 예상한다.

1963년에 설립된 대형 할인 체인점 까르푸는 프랑스에서의 성공을 기반으로 32개국에 진출해, 현재 11,000여 개의 매장을 운영하는 세계적인 기업이다. 까르푸가 성공할 수 있었던 가장 큰 요인으로는 매장에 불필요한 인테리어와 인력들을 최소화했다는 점이 꼽혔다. 이로써 다른 마트에 비해 가격이 저렴하여, 고객 입장에서는 만족스러울 수밖에 없었다. 당연히 한국에서도 실패할 이유가 없는 구조였다. 그런데 전 세계적으로 유일하게 한국과 일본에서만 까르푸가 철수되었다.

무엇이 문제였을까? 까르푸가 한국에 진입한 초창기 대부분의 직원은 프랑스 현지인이었다. 당연히 한국인 정서가 반영될 수 없었다. 더불어 대부분의 회의와 업무가 영어로 운영이 되어 학벌, 업무 능력에 상관없이 영어만 잘하면 초고속 승진을 하는 분위기도 한몫했다. 그래서 까르푸에 필요한 인재들이 상대적 박탈감을 안고, 연이어 퇴사를 한 것이다. 1996년이었던 당시, 한국에서 영어를 유창하게 한다는 건 다소 어려운 일이었는데, 암묵적으로 강요를 당하니 불평등하고, 인정받기 어려운 회사로 여겨진 것이다. 여기까지는 내부 사정이다. 외부적으로는 고객에게 인정을 받지 못했다. 인건비 절감을 명분으로 "어머, 따님이랑 친구라고 하겠어요.", "남편 분이 너무 훈남이신데요?", "오늘 반찬으로 이건 어떠세요?"와 같이 칭찬을 해주고, 물건을 권유하는 호객 행위와 시식 문화가 현저히 없었다. 이에 따라 구매력이 높은 고객들이 가격이 조금 비싸더라도 다른 마트로 발걸음을 돌렸고, 결국 까르푸는 한국에서 철수하는 선택을 해야만 했다.

어떤가? 한국인의 인정받고 싶어 하는 강력한 욕망이 느껴지지 않는가? 초·중·고등학교 그리고 대학 진학과 취업에 이르기까지 주변 사람들과의 경쟁 구조였으니 당연한 심리일지도 모른다. 이런 사회 분위기에서 당신의 호감도를 단숨에 높이는 방법이 있다. 바로 존댓말을 사용하는 것이다.

나에게는 연차가 상당히 높지만, 모든 사람에게 존댓말을 하는 선배가 있다. 처음 교류하는 협력사에도, 신입사원에게도 존댓말을 한다. 심지어 7년 넘게 같이 일한 나에게도 꼬박꼬박 존댓말을 사용한다. 그래서 초반에는 '선을 긋는 건가?'라는 서운한 마음이 들었다. 그러나 시간이 지나면 지날수록 대우받는 느낌이 좋아, 그 선배에게 공손하게 대하는 나 자신을 발견했다. 그 뒤로 나도 어린아이, 처음 보는 후배, 그 외 처음 만나는 모든 이에게 꼭 존댓말로 다가간다.

인정받고, 존중받는 데 목말라 있는 우리나라에서 인정받고 싶다면, 내가 먼저 상대방을 존중해 주는 게 가장 **빠른** 지름길이다.

3장

감정 소모를 줄여주는 말투

감정적인 사람으로 보이지 않는 법

자기 자신이 감정적인 사람으로 보이길 바라는 이가 있을까? 감정적이라는 건 '화가 많음', '이성적이지 못함', '감정 기복이 심함'과 같이 부정적인 이미지가 강하기 때문이다. 그런데 의외로 감정적이라는 느낌은 당사자의 언어에서 오지 않는다. 그렇다면 같은 말을 하더라도 논리적으로 보이는 사람이 있고, 감정이 앞서는 것처럼 보이는 사람이 있다. 그 기준은 무엇일까? 바로 '눈썹'이다.

지금 여기, 퇴근하면서 "오늘도 수고 많으셨습니다."라고 인사하는 2명이 있다. A・B의 눈과 눈썹 모양이 한 명은 올라가 있고, 한 명은 그대로라고 했을 때 전혀 다른 느낌을 준다.

사실, 많은 사람이 스스로 표정 관리를 잘한다고 믿지만, 눈과 눈썹 모양까지는 신경을 쓰지 않는다. 아니, 그 중요성을 알지 못한다는 게 더 정확한 표현이겠다. 이에 따라 상대방의 오해를 사거나 감정을 들키는 경우가 허다하다. 그럼, 어떻게 하면 주변 사람에게 감정적이지 않고, 논리적이면서도 스마트한 사람으로 인식될 수 있을까?

단순하게 생각하면 된다. 문제가 되었던 눈썹을 최대한 움직이지 않기 위해 노력을 하는 것이다. 모두에게는 본인도 모르는 습관이 있기 마련인데, 눈썹을 위아래로 움직이거나 감정을 눈썹에 드러내는 것도 그중 하나다. 이를 고치는 가장 좋은 방법은 가까운 지인들에게 "혹시 내가 눈썹을 움직이면, 움직였다고 얘기해줘."라고 부탁하는 것이다. 그러면 지금까지 눈썹을 얼마나 많이 움직였는지, 그동안 나의 감정을 눈썹으로 얼마나 노출시키고 다녔는지 하루, 아니 몇 시간 만에 파악되리라 예상한다. 이 간단하고 확실한 방법은 당신을 어디에서든 침착한 좋은 사람으로 만들어줄 것이다. 그러니 당장 가족이나 친한 친구에게 눈썹이 움직일 때마다 알려달라고 부탁해 보자.

질문에 질문으로 답하지 마라

> 나도 모르게 나를 깎아내리는 말투가 있다. 그중 하나가 상대방이 질문했을 때, 다시 질문으로 답하는 스타일이다. 예를 한번 들어보자.

여기 양손에 짐이 많은 손님에게 가게 직원이 묻는다. "봉투에 담아드릴까요?" 그러자 손님 왈, "당연하죠. 지금 손이 없는데 그냥 어떻게 들고 가요?" 이 말을 들은 직원은 어떤 마음일까? 예상하지 못한 반응에 상처를 받을 수도 있고, '앞으로는 손님에게 신경을 쓰지 말아야겠다.'라고 다짐할 수도 있다. 이렇듯 질문에 대해 질문으로 답하는 행위는 스스로를 깎아내리는 건 물론, 타인에게 주어질 수 있는 좋은 기운을 빼앗기도 한다.

이 외에도 "뭐 먹을 거야?"라는 말에 "넌 뭐 먹을 건데?"라고 묻거나, "넌 취미가 뭐야?"라는 질문에 "넌 취미가 뭔데?"라고 반문하는 경우를 일상에서 자주 목격한다. 그런데 상대방 입장을 조금만 헤아려도 이런 식의 대답은 할 수 없다. 이유인즉, 내 질문을 무시당하는 기분이 드는 데다가, '나에게 나쁜 감정이 있나?'라는 오해를 하게 되기 때문이다.

그럼, 상대방의 질문에 어떻게 답하면 될까? 아주 간단하다. 그저 명확하게 답하면 된다. 직원이 "봉투에 담아드릴까요?"라고 했을 때, 필요하다면 "네! 담아주세요." 이 한마디면 된다. 여기에 "고맙습니다." 이 5글자만 덧붙이면, 당신은 기분 좋은 손님으로 기억될 게 분명하다. 더 나아가 그 직원의 선행을 더 북돋아 주는 역할까지 한다.

이는 지극히 동양 언어의 문화에 따른 흐름이다. 서양은 개인주의 성향이 짙어서 언어 또한 본인 중심으로 독립적이다. 반면에 동양은 주변 환경에 영향을 많이 받는다. 언어에 있어서도 마찬가지라서, 제3자의 작은 반응에도 자신의 행동을 고려하게 되는 것이다.

그러니 상대방에게 상처를 주거나 오해를 쌓고 싶지 않다면, 질문에 질문으로 답하지 마라. 대신 분명하게 답하고, 고마움을 전하면, 감사가 돌고 돌아서 당신에게 다시 안길 것이다. 만일 대답하기 어려운 질문을 받는다면, "잘 모르겠습니다.", "조금만 더 고민해 볼게요."와 같은 솔직하고 정중한 답변도 현명한 선택이다.

오늘, 당신의 인생을 변화시켜 줄 명언 한 줄

"부드러운 말투는 타인의 감정을 해치지 않고도
진실을 말할 수 있는 유일한 방법이다."

- 조지프 주베르트

짜증 내기보다
솔직한 감정을 고백하라

일상에서 우리가 습관적으로 내뱉는 말이 있다. 바로 "짜증 나."라는 말이다. 물론, 예상하지 못한 부정적인 일이 생겼을 때, 상대방이 갑자기 약속을 취소했을 때, 기분 상하는 말을 들었을 때 등 충분히 할 수 있는 표현이다.

실제로 국어사전에서도 '짜증 나다'를 '마음에 탐탁지 않아서 역정이 나다.'로 정의하고 있으니, 경우에 맞지 않는 말도 아니다. 그러나 "짜증 난다."라고만 하면, 상대방은 당신이 짜증 난 이유를 알 수 없어서, 당신의 마음을 풀어줄 방법을 모른다.

한편, 아무리 짜증이 나더라도 지혜롭게 해결하는 사람들이 있다. 그들은 어떠한 이유에서 기분이 상했는지, 상대방이 어떻게 해주길 바라는지에 대해서 직·간접적으로 알려준다. 짜증 난다는 말로는 그 어떤 것도 해결되지 않음을 잘 알고 있는 것이다. 그러니 지금부터는 짜증 난다는 말로 일관하지 말고, 왜 짜증이 났는지 상대방에게 원하는 바를 솔직하게 이야기해 보도록 하자. 앞서 언급한 상황을 예시로 든다면, 이렇게 말할 수 있다.

> 부정적인 상황이 발생했을 때
"이런 상황이 자꾸 발생하는 게 이해가 안 돼. 또 이런 일이 발생하지 않길 바라."

> 상대방이 갑자기 약속을 취소했을 때
"나는 갑자기 약속을 취소하는 게 너무 싫어. 이런 일이 생길 것 같으면, 앞으로 이런 약속은 하지 않았으면 좋겠어."

> 기분 상하는 말을 했을 때
"네가 이런 말을 하면 나는 상처받아. 또 내 하루를 망치는 느낌이야. 지금부터는 조심해줬으면 해."

이런 당신의 고백에 상대방은 어떻게 할까? 자신을 당황스럽게 했다고 언성을 높이며 화를 낼까? 아니다. 진심으로 사과하고, 당신이 싫다고 한 일을 하지 않겠노라고 약속하며, 주의할 것이다.

짜증 나는 상황을 해결하고, 앞으로 그런 일이 벌어지게 하지 않으려면, 또 좋은 관계까지 이어가고 싶다면, 감정적으로 대처하지 말고, 나의 감정을 정확하게 밝혀라. 그저 짜증 난다며 하소연하지 말라는 뜻이다. 현명한 당신이라면 이 방법을 충분히 이해했으리라 믿는다.

> 오늘, 당신의 인생을 변화시켜 줄 명언 한 줄

"부드러운 말은 강한 감정을 전할 수 있다."

- 제인 오스틴

빌런에게는
조언을 구하라

어떤 집단이든 '빌런' 즉, 흔히 말하는 '또라이'는 꼭 있다. 만일 직장에서 나를 힘들게 하는 사람이 있어 이직을 해도, 느낌만 다를 뿐 또 다른 빌런과 만난다. 그렇다고 그와 맞서 싸우자니 나도 똑같은 사람이 되는 듯하고, 그냥 있자니 바보가 되는 기분이다. 그럼, 어떻게 해야 나의 노력으로도 사라지지 않는 빌런으로부터 자유로워질 수 있을까?

답은 의외로 간단한 곳에 있다. 나를 힘들게 하는 그에게 반대로 친절하게 조언을 구하는 것이다. 솔직히 빌런은 나에게만 이상한 행동을 하지는 않는다. 주변 사람 모두를 괴롭게 할 가능성이 매우 높다. 이러한 이유로 그들은 언제나 외롭다. 그 누구도 나를 힘들게 하는 사람을 곁에 두고 싶지 않으니까. 이에 따라 누군가가 조금만 상냥하게 대해주면, 빌런으로 낙인찍힌 사람일지라도 다른 사람에게 하는 것에 비해 비교적 잘 대해준다. 그러므로 무조건 적대시하기보다 마음을 여는 게 좋다. 다만, 여기에서 핵심은 '비교적'이다. 사람의 본질은 쉽게 바뀌지 않으니 반드시 염두에 두어야 한다.

조언을 구할 때도 주의해야 할 점이 있다. 상대방이 잘 모르거나 싫어하는 부분으로 접근해서는 안 된다는 것이다. 가령, 당사자가 운동을 전혀 하지 않고, 살이 찐 상태라고 해보자. 그에게 운동하는 법 또는 살 빼는 법을 물어본다면 어떻게 될까? 조언을 구한 건 맞지만, 자신을 무시한다는 오해를 불러일으켜 더 못살게 구는 역효과가 생길 수 있다. 하지만 그의 관심사에 대해 조언을 구하면, 상황은 달라진다. 예를 들어, 상대방의 취미가 배드민턴이라고 해보자. "제가 이번에 배드민턴 라켓을 구매하려고 하는데요. 어떤 걸 구매하면 좋을까요?"라고 물으면, 그는 자신이 배드민턴을 시작한 계기부터 치는 이유, 좋은 라켓 고르는 법 등에 대해 알려줄 것이다.

여기에 더해 대화가 끝나면, 당신은 이 말을 듣게 될 것이다. "당신이 이렇게 좋은 사람인 줄 미처 몰랐어요." 물론, 심각한 또라이는 예외다.

오늘, 당신의 인생을 변화시켜 줄 명언 한 줄

"상대방의 감정을 존중하는 말투로 대화하라.
말은 상대의 마음을 열 수도, 닫을 수도 있다."

- 데일 카네기

나에게 상처 주는 사람을 대처하는 법

" 혹시 이런 경험 없는가? 가만히 있다가 상대방의 말 한마디에 기분이 나빠진 적 말이다. 마치 하루의 기분을 송두리째 빼앗긴 느낌이다. 대체로 이런 말을 들었을 때다.

"너 오늘 엄청 부어 보여. 살쪘니?"

"너 어제 술 마셨지?"

"어제 야식 먹고 잤구나?"

이때 강하게 부정하면, 상대방은 수긍하기보다 당신이 살쪄 보이는 이유, 술을 마신 것처럼 느껴지는 이유, 야식을 먹었다고 생각하는 이유를 찾아서 말하기에 바쁘다. 그러면 당신은 기분이 상한 나머지 결국 화를 낼 테다. 상대방의 계략에 휘말린 것이다. 그 뒤의 반응은 예상에서 한 치의 어긋남도 없다. 순식간에 당신은 예민하고, 속 좁은 사람이 된다. 만일 상대방이 회사 상사라면 나도 모르는 사이 선·후배도 없는 되바라진 인물이 되기도 한다. 그럼, 어떻게 하면 이런 상황을 지혜롭게 벗어날 수 있을까? 나는 다음 2가지 방법을 추천한다.

첫째, 상대방이 한 말을 그대로 적용해 나를 평가하는 태도를 지적해라. "너 오늘 엄청 부어 보여. 살쪘니?"라고 한다면 "지금 저 살쪄 보인다고 평가하는 거예요?" 하며 되묻는 것이다. 참고로 범죄심리학에서 범인이 가장 두려워하는 게 증거를 남기는 일이다. 가령, 어두운 골목에서 한 여성을 노리고 따라가는데, 그녀가 갑자기 "나 지금 편의점 앞이야. 4분이면 집에 도착하니까 5분 뒤에 전화 줘."라며 통화를 한다면, 범죄를 저지를 확률이 현저히 낮아진다. 증인이 생길 수 있어서다. 여기에 근거해 사람들이 보는 앞에서 나를 평가했다는 프레임으로 얘기하면, 주변에서도 상대방을 그런 사람으로 바라본다. 그리고 당신을 평가했던 빌런은 변명을 해야 하는 입장이 되고 만다. 즉, 당신에게 집중된 시선이 빌런에게로 향하는 것이다.

둘째, 아무런 반응을 보이지 마라. 대화에서 침묵은 엄청난 힘을 지닌다. 경청할 때는 물론이고, 나를 기분 나쁘게 하는 빌런을 상대할 때도 그렇다. 만일 침묵하기가 힘들다면 화제를 바꾸는 것도 하나의 방법이다. 아래 대화를 참고해 보자.

> 빌런: "너 오늘 엄청 부어 보여. 살쪘니?"
> 나: "오늘 제가 건강해 보이나 보네요? 그나저나 이번 휴가는 어디로 가실 건가요?"

> 빌런: "너 어제 술마셨지?"
> 나: "제가 지쳐 보여요? 그럼, 오늘 점심에 맛있는 거 먹을까요?"

> 빌런: "어제 야식 먹고 잤구나?"
> 나: "어머, 그만큼 제가 어려 보이나 봐요. 안 그래도 안티에이징하고 싶었는데. 선배님은 피부과 어디 다녀요?"

이렇게 상대방이 나에게 던진 나쁜 감정을 고스란히 받지 않고, 돌려주거나 즐거움으로 희석해 버리면 상황은 마무리된다. 여기에 더해 마음속으로 꼭 되받아치는 시간을 가져라. '아닌데? 나 살 안 쪘는데?', '아닌데? 나 어제 술 안 마셨는데?', '아닌데? 나 야식 안 먹었는데?' 이 행위만으로도 자존감을 지킬 수 있다.

"바쁘다"고 하지 말고 정확한 상황을 말하라

수많은 사람이 "바쁘다"라는 말을 자주 사용한다. 그런데 이는 회피형 대화법이다. 다시 말해, 상대방에게 지금의 상황을 설명하기 번거로워서 쓰는 말이다. 또 본인에게도 회피하는 표현이다. 왜냐하면 현재 진행 중인 일이 잘 풀리지 않아도 바쁘다고 뭉뚱그려서 생각하기 때문이다.

신기하게도 이렇게 바쁘다는 말을 습관처럼 남발하면, 정말 바쁜 상황과 마주하게 된다. 상대방이 대화를 시도하거나 질문을 해도, 초지일관 "바쁘다."로 응수하면, 당신을 도와줄 사람은 점점 사라지게 될 테니까. 게다가 지속적으로 바쁘다는 단어를 입 밖으로 내뱉으면, 몸도 바쁜 상황으로 인지하고, 체력적으로도 피곤해진다.

이를 심리학에서는 '자기 충족 예언'이라고 한다. 가령, 주말에 늦게까지 잘 거라고 호언장담하며 잠들어도 아침 일찍 눈이 떠지고, 소풍 가기 전날 아무리 늦게 잠들어도 평소보다 일찍 일어날 뿐만 아니라 피로감을 느끼지 못하는 경험을 한 적이 있을 테다. 그 원인은 잠들기 전 나의 생각에 있다.

설명을 조금 더 이어가보자면, '아, 5시간밖에 못 자네.', '내일 출근하면 그 얼굴 또 봐야 하네.'와 같은 부정적인 생각을 하며 잠들면, 아무리 많이 자더라도 몸이 찌뿌둥할 수밖에 없다. 당연히 잠의 질도 높지 않다. 반면에 '내일은 주말이니 푹 잘 수 있어서 부담이 없네.', '내일 소풍은 얼마나 즐거울까?'와 같은 긍정적인 기분으로 잠자리에 들면, 숙면을 취하게 되는 것이다.

여기에서 우리는 하나의 희망을 발견할 수 있다. 취침을 하기 전에 '푹 잘 수 있겠어.', '내일 일어날 행복한 일이 기대돼.'와 같이 부정이 아닌 긍정의 언어를 마음에 새기면, 흔히 말하는 '꿀잠'을 잘 수 있게 된다는 사실 말이다.

이렇듯 우리의 말과 생각은, 컨디션을 비롯한 나에게 일어나는 모든 영역에 큰 영향을 미친다. 그러니 습관적으로 바쁘다고 하면서 스스로 힘들게 만들지 말자. 정말 바쁘다면, 아래와 같이 순간의 상황을 정확하게 말하는 게 더 바람직하다.

전 | "와! 바쁘다, 바빠."
후 | "오늘 3개의 일정이 있어요."

전 | "밥 먹을 시간도 없이 바빠 죽겠네."
후 | "오늘은 일이 많아서 점심은 좀 늦게 먹어야겠어."

전 | "오늘 정신없이 바빴어."
후 | "오늘 하루 정말 알차게 보냈어."

실제로 상황을 정확하게 바라보면, 생각보다 나쁘지 않은 순간도 꽤 많다. 앞으로 내가 하는 말이 곧 나 자신이 된다는 걸 인지하고, '바쁘다' 대신 긍정적이고, 정확한 상황을 말해보자.

좋은 사람들을 만나고 싶다면 언어부터 바꿔라

> 언어는 수많은 영역을 지배한다. 특히 내가 어떤 말을 하느냐에 따라 갈 수 있는 곳이 달라진다. 일반적으로 평소 긍정적인 말을 사용하면 행복한 곳에만 초대받고, 습관처럼 비속어를 남발하면 욕먹는 자리에만 초대받는다. 내 주장이 믿기지 않는다면, 아래와 같은 두 유형의 친구가 있다고 생각하고, 가설을 하나 세워보자.

① 정말 친하지만 욕설을 자주 사용하고, 품행이 불량한 A

② 친하지는 않지만 예쁘게 표현하기 위해 노력하고, 행동이 정돈된 B

당신이 정말 만나고 싶었고, 오랫동안 존경해 왔던 인물이 있다. 그런 그와 저녁 식사를 할 수 있는 자리에 초대를 받았는데, 누군가를 데리고 가야 한다. 당신은 누구와 함께할 것인가? 반대로 썩 내키지는 않지만, 반드시 참석해야 하는 술자리라면 누구에게 같이 가자고 연락할 것인가? 100이면 100 전자는 B, 후자는 A와 동행할 게 분명하다.

너무나도 당연한 결과다. 그만큼 평소에 내가 선택하는 언어는 나의 기분과 상태뿐만 아니라 공간까지 영향을 미친다. 그러므로 당장 부정적인 단어를 멈추는 것만으로도 일상의 많은 부분이 바뀐다.

물론, 나 혼자만 변화한다는 건 꽤 힘든 일이다. 참고로 나는 25세가 되던 해에 쇼호스트 학원에 다니기 시작했다. 그때 교육을 받으면서 친구들 앞에서도 아나운서처럼 또박또박 발음하고, 바른말을 사용했더니 친구들의 핀잔이 쏟아졌다. "재수 없게 말투가 왜 그래?", "너 혼자 바른 청년이야?" 하면서 말이다.

그래서 나는 나의 언어 습관을 정확하게 바꾸기 위해 한동안 친구들을 끊다시피 만나지 않았다. 대신 고급스러운 어휘로 진중하게 대화를 나누는 모임에 참여했다. 그로부터 얼마 지나지 않아 나는 스스로 내 말의 품격이 달라졌음을 느꼈고, 나도 모르는 사이 행복하고, 멋진 장소에만 초대받는 사람이 되어 있었다. 만일 그때 친구들이 야유하는 상황을 견디지 못해 원래대로 비속어와 어린 사람들이 쓰는 은어를 계속 입에 담았다면, 지금의 나는 존재하지 않았을 테다.

다른 사람들이 욕을 하든 뒷담화를 하든 신경 쓰지 마라. 내가 그랬듯 굳이 부정적인 분위기에 물들 필요는 없다. 혹여나 물들었다고 하더라도 하루빨리 빠져나오는 게 여러모로 좋다. 내 입에서 나쁜 말이 나오면 그걸 가장 먼저 듣는 사람도, 그 말에 가장 많은 영향을 받는 사람도 나 자신이니까. 누가 봐도 좋은 곳에 머무르고, 도움이 되는 사람들과 관계를 맺고 싶다면, 당신이 사용하는 언어부터 바꿔라.

"이미 했다"고 외쳐라

모든 분야가 그렇겠지만, 홈쇼핑에서 생방송을 진행하다 보면 언제나 좋은 결과만 마주하는 건 아니다. 어떤 날은 매진이라는 만족스러운 성과를 내기도 하고, 또 어떤 날은 심각할 정도로 매출이 일어나지 않기도 한다. 그리고 같은 상품이라 할지라도 매출 예감이 나쁠 때가 있다. 가령, 10일 연속 비가 온다고 예고한 다음 날의 자외선 차단 제품, 조류독감이 한창일 때의 닭고기가 그러하다. 이때는 방송을 시작하기 전부터 분위기가 전반적으로 다운되어 있다. 하지만 인생은 기세다. 아무리 힘들고, 어려운 상황이라도 이기는 기세를 처음부터 끝까지 유지하는 비결이 있다. 바로 마음속으로 "이미 했다."고 외치는 것이다. 정말 힘든 순간에 내가 이용하는 방법이다.

이런 내 말에 '시작도 하지 않았는데 할 수 있다도 아닌 이미 했다를 외친다고?'라는 의문을 가질 수도 있다. 그런데 완료형이어야 하는 분명한 이유가 있다. 바로 멘탈 관리의 기초가 부정의 생각을 통제하는 것이라서 그렇다. 즉, 긴장되는 상황에서 실수하는 모습을 떠올리지 않게 하려는 일종의 장치인 셈이다. 우리의 상상은 힘이 세서 예상하는 것만으로도 그 일이 일어날 확률이 높으므로 미리 차단하는 것이다. 다시 말해, "할 수 있다."는 아직 내가 해야 할 일이 남아있어서 과정과 관련한 고민이 함께 연상되지만, "이미 했다."라고 말하면 목표를 완수한 나의 모습이 강하게 새겨져서 감정을 다스리기에도 탁월하다.

일상에서도 마찬가지다. 중요한 순간에 부정적인 생각이 들면, 즉시 중단해야 한다. 인간의 뇌는 틈이 생기면 그 틈을 메우려는 경향이 있어서, 예정되지 않은 경로로 흘러가지 못하도록 해야 한다. 한마디로 부정이 끼어든 자리에 긍정을 채워 부정을 빠르게 없애야 한다는 뜻이다. 그래서 부정적인 생각이 들 수밖에 없는 어려운 상황에 "이미 했다."라는 긍정 확언은 큰 힘을 발휘한다. 나를 이미 성공한 사람으로 만들어주어서 부정의 기운이 들어올 틈을 주지 않는 덕분이다.

이 방식은 미국 해군 특수부대 '네이비 씰'의 훈련생 멘탈 관리에도 적용하고 있다. 알려진 바에 의하면 지원자의 약 80%가 탈락할 만큼 네이비 씰의 훈련 강도가 높다고 한다. 이런 집단의 정신력 강화 훈련법을 다룬 《네이비 씰의 나를 이기는 연습》에서는 "어려운 성과를 얻으려면 강력한 체력도 중요하지만 강한 정신력과 자신감을 잃지 않는 것이 더 중요하다."고 말하며, 강한 정신력을 유지하는 여러 방법을 소개한다. 그중 하나가 내가 말한 "이미 했다."와 같은 '자기 확언'이다.

실제로 멘탈이 강한 사람들은 자기 확언을 습관적으로 한다. "괜찮아.", "잘하고 있어.", "좋아지고 있어."와 같은 긍정적인 말을 스스로에게 들려주는 것이다. 이를 '몰입형 혼잣말'이라고 하는데, 이보다 '거리두기형 혼잣말'이 더 효과적이다. 쉽게 말해 2인칭 또는 3인칭으로 본인의 이름을 부르면서 이렇게 말하는 것이다. "김민성, 괜찮아.", "김민성, 잘하고 있어." "김민성 좋아지고 있어." 여기에서 더 나아가 앞서 말했듯이 완료형으로 자기 자신에게 "김민성, 이미 괜찮아졌어.", "김민성, 이미 잘했어.", "김민성, 이미 좋아졌어."라고 해준다면, 부정적 감정의 파도가 긍정적 파도로 변해 당신의 기세를 바꾸어줄 것이다.

어색함을
자연스럽게 깨는 대화법

"
살다 보면, 원하지 않는 분위기에 머물러야 할 때가 있다. 친하지 않은 사람과 한 공간에 있어야 한다거나 처음 만난 사람과 함께 이동을 해야 하는 경우가 대표적이다. 이럴 때는 적막이 흐를 수밖에 없는데, 이를 자연스럽게 깨트리는 팁이 있다. 바로 상대방이 원하는 '맥락을 벗어난 주제'로 유도하는 것이다. 가령, 서먹함을 없애기 위해 헤어스타일을 언급하며, 칭찬하고 있다고 하자. 그런데 상대방이 조금씩 자동차 관련 이야기를 한다거나 맥락과 맞지 않는 차 키를 책상 위에 슬쩍 올려두었다. 이는 얼마 전에 새로 구입한 차량에 대해 자랑하고 싶다는 신호가 분명하다. 이 사실을 알아챘다면, 다음과 같이 그가 마음껏 자랑할 수 있도록 해주면 된다.

> 나: "어머, 외제차 새로 장만하신 거예요?"
> 상대방: "아, 이번에 매출이 급격히 올라서 세금이 너무 늘었지 뭐야. 비용 처리하려고 한 대 뽑았지."

발견했는가? 여기에서도 상대방이 자랑하고 싶은 포인트가 들어 있다. 맞다. 매출이 오른 부분이다. 인지했다면 "다들 코로나로 힘들다고 하는데, 어떻게 대표님은 더 성장했어요? 비결이 뭐예요?"라고 묻는다거나 "그 차 제 드림카인데, 너무 부럽네요. 실제로 타보면 어떤 느낌이에요?"와 같이 차량에 대한 이야기를 더 이어가면 된다. 이처럼 어색함을 깨트리는 방법은 단순하다. 상대방이 자랑할 수 있도록 간단한 질문 몇 개와 함께, 그의 답변에 따라 호응만 해주면 된다.

이 스킬이 유독 빛나는 이유가 있다. 대부분의 사람은 본인이 갖지 못한 것을 타인이 이뤄내면, "사기꾼일 거야.", "그거 별거 아니야."와 같은 반응으로 상대방의 성과를 무시한다. 인간은 본능적으로 누군가 잘되면 찬물을 끼얹고 싶은 욕구가 일어나기 때문이다.

이 같은 현실에 성과를 자랑할 수 있는 기회를 제공하면, 상대방 입장에서는 고맙지 않을까? 친분이 없었다면, 가까이 지내고 싶은 마음도 들 테다. 그러니 이 점을 기억해 두었다가 얼었던 분위기를 풀어나가듯 관계도 개선해 나가길 바란다.

> 오늘, 당신의 인생을 변화시켜 줄 명언 한 줄
>
> "말에 감정을 담지 않으면,
> 그 말은 다른 이들에게 다가가지 않는다."
>
> - 샤를 드 푸코

속사정을 자세히 말하라

혹 나에 대해 잘 모르는 사람을 설득해 본 적이 있는가? 또 원하는 결과를 얻었는가? 살다 보면 한번쯤 마주하게 되는 상황이지만, 당시의 상황이 잘 떠오르지 않는다면, 다음의 가정을 참고해 보자.

당신은 학생이다. 그런데 학생증을 가져오지 않아서 기차표를 학생 요금으로 구매할 수 없는 처지가 되었다. 이때 "제가 학생증을 안 가져왔는데, 학생 요금으로 구매할 수 있을까요?"라고 한다면, 과연 역무원이 순순히 학생 요금으로 발매를 해줄까? 아마 그럴 일은 없을 것이다. 왜냐하면 역무원은 당신에 대해서 잘 모르기 때문이다. 다시 말해, 학생증이 없음에도 학생 요금으로 구매해야 하는 사정은 당신만 알 뿐이다. 이로써 설득이 되지 않는 것도 당연하다.

그럼, 어떻게 해야 학생 요금으로 이용해 무사히 목적지에 도착할 수 있을까? 참고로 설득에는 스토리가 필요하다. 때론 담백함이 통하지만, 대체로 스토리를 입히면 더 큰 힘을 발휘한다. 이런 스토리는 맛깔 나는 요리에 빠지지 않는 양념과도 같다. 그렇다고 과장하거나 거짓말을 하라는 건 아니니 오해가 없길 바란다. 이를 근거로 솔직하게 말해보자.

"제가 학생인데, 학생증을 깜빡하고 안 가져왔어요. 그런데 오늘 집에 가지 못 하면, 부득이하게 외박을 해야 하는데, 현재 가진 돈이 딱 학생용 요금밖에 없습니다. 혹시 학생 요금으로 표를 구입할 수 있을까요? 맞벌이를 하는 부모님께도 걱정하실까 봐 연락도 못 드렸어요. 부탁드립니다."

물론 100% 설득이 안 될 수도 있다. 하지만 처음보다 두 번째 이야기가 설득의 가능성이 더 높음을 직감적으로 알 수 있다.

여기에서 우리가 꼭 인지해 두어야 할 점이 있다. 일반적으로 사람들은 나 아닌 다른 사람에게 관심이 없다는 사실이다. 모든 사람은 자기중심으로 살아간다. 그러므로 타인이 말하지 않으면, 어떤 사람인지 알 수도 없을 뿐더러 알려고 하지도 않는다. 이런 현실임에도 불구하고, 다들 세세히 알려주지 않아도 본인 사정을 알리라 착각한다. 누군가에게 부탁을 하거나 이해를 시켜야 하는 입장에서도 이런 오류를 일으키면, 원하는 답과는 거리가 멀어질 수밖에 없다.

그러니 모두가 나의 사정을 알고 있으리라 지레짐작하지 말고, 섬세하게 속사정을 말해라. 설령, 당신이 원하는 바를 얻지 못하더라도 상대방은 도움을 주지 못해 미안해하거나 비슷한 문제가 생겼을 때 호의적으로 대할 확률이 높다.

오늘, 당신의 인생을 변화시켜 줄 명언 한 줄

"감정이 배제된 말은 그 사람의 마음을 닫게 만든다."

- 버나드 쇼

힘들면
"이것만 끝나면!"을 외쳐라

인생에 힘든 상황은 언제나 찾아온다. 더 잔인한 건 고통이 크면 클수록 예고 없이 찾아온다는 사실이다. 이럴 때 "이것만 끝나면!"이라고 외치면, 단숨에 행복한 순간으로 바꿀 수 있다.

다시 한번 말하지만, 힘든 일은 언제나 찾아올 수 있다. 나 역시 매일 글을 써야 하는 작가, 1분에 몇천만 원이 왔다 갔다 하는 생방송을 진행하는 쇼호스트, 조회수와 댓글, 팔로워, 광고주들을 관리해야 하는 인플루언서,

수백 명의 매출을 올려줘야 하는 세일즈 강사 등의 역할 뿐만 아니라 세부적인 업무까지 감당해야 하니 힘들고, 버겁기도 하다. 물론 매일 그렇다는 건 아니니 오해는 하지 말길 바란다.

그런데 대체로 괴로운 일이 앞을 가로막고 있으면 이렇게 말한다.

"아, 정말 내일이 안 왔으면 좋겠다."
"내일 진짜 출근하기 싫다."
"그 사람 얼굴도 보기 싫다."

경험해 봐서 알겠지만, 이런 식의 말은 그 무엇도 바꿔놓지 못한다. 오히려 나에게 부정적인 감정만 더 쌓을 뿐이다. 대신 "이것만 끝나면!"을 적용해서 아래와 같이 말하면, 분위기 전환과 동시에 의욕도 북돋울 수 있다.

"내일 하루만 지나면 휴식이다!"
"내일 일만 마무리하고 나면 얼마나 뿌듯할까?"
"내일 하루만 그 사람을 보고 나면 친구들이랑 놀 수 있다."

이 같은 유형의 말을 '긍정적 재평가'라고 한다. 즉, 본인이 겪을 힘든 상황으로부터 긍정적인 측면 또는 의미를 찾음으로써 정서를 처리하는 방식이다. 쉽게 말해, 어려운 과제나 장애물 앞에서 "이것만 끝나면 쉰다!", "이것만 넘으면 더 행복해진다!"라고 말하며, 정면 돌파하는 것이다.

한편, '역피해의식'이라는 심리학 용어가 있다. 세상 모든 것이 나에게 좋은 운과 보상을 주려고, 음모를 꾸미고 있다고 생각하는 자세다. 어떠한 고통과 위기도 자신의 성장과 성공을 위한 '하늘이 주는 선물'이라고 인식하는 것이다.

이런 역피해의식을 가진 사람들에게는 단기간에 높은 성과를 올린다는 공통점이 있다. 그들은 '왜 하필 이런 일이 나에게 벌어지는 거야?'라는 피해의식에 사로잡히지 않는다. 분명 이 사건이 나에게 발생한 이유가 있으며, 내가 되고 싶은 사람이 되려면 무조건 겪어야 하는 과정이라고 여긴다. 대표적인 인물이 억만장자 클레멘트 스톤W. Clement Stone이다.

그렇다. 나에게 벌어진 어떠한 상황도 내가 어떻게 받아들이느냐에 따라서 바뀔 수 있다. 그러니 사람이든 환경이든 그 어떤 대상이 당신을 괴롭혀도 '얼마나 나를 크게 성장하게 하려고 이렇게 힘든 시련을 주는 걸까?'라는 역피해의식의 관점으로 바라보며 "이것만 끝나면!"이라고 말하며 앞으로 나아가라. 당신도 모르는 사이 그 구간을 지나가 행복한 내일에 도착해 있을 테니까.

까칠한 사람의 마음도
녹이는 한마디

여러 번 언급했지만, 나는 고등학생부터 대학생 때까지 무용을 전공했다. 그런데 내가 다닌 학교만 그랬는지는 몰라도 선·후배 간 위계질서가 꽤 엄격했다. 그중에서도 유난히 까칠한 선배가 있었는데, 유독 한 사람에게만 잘해주는 모습을 보고 이런 궁금증이 생겼다. '도대체 어떻게 했길래 저 까칠한 선배가 마음을 열었을까?' 그 뒤로 자세히 관찰해 보니 그는 선배에게 다가가는 시도 자체가 달랐다. 그 친구는 선배가 무엇을 시키거나 후배들이 실수를 저질러서 화를 낼 때도 무엇이 문제인지 물음표를 던졌다. 난 더 미움받을 거라고 판단하며 하지 않았던 행동들이 그에게는 까칠한 사람과 친해지는 통로였던 것이다.

대부분은 까칠한 대상이 화를 내면 '아…… 또 저러네.', '왜 나한테만 이러는 거야?'라고 생각하면서 질색한다. 그래서 상대방이 무슨 말을 하든 어떤 행동을 하든 몸이 먼저 반응하게 되어 서로 더 멀어지게 되는 것이다. 하지만 그 아이는 까칠한 선배가 열을 올릴 때, 다음과 같이 물으며 온전히 상대방의 관점에서 대화를 시작했다. 게다가 선배가 자신에게 화를 낸다고 생각하지도 않는 듯했다.

"선배님, 왜 이렇게 화가 많이 났어요? 혹시 제가 뭐 잘못했나요?"
"선배님, 오늘 표정이 안 좋은데 혹시 무슨 일 있었나요?"

그랬더니 선배 스스로도 본인이 화를 내고 있다는 사실을 인지하며 사과를 하기도 했고, 그 후배도 선배 앞에서 조심함으로써 사이가 점점 가까워지게 된 것이다. 솔직히 우리는 내 마음에 들지 않는 사람이 하는 말이나 싫은 소리를 하는 사람을 대면하게 되면, 피하고 싶어진다. 주눅이 들어서 그렇다. 그러나 상대방이 까칠한 건 당신의 잘못이 아니다. 그러니 위축되지 않아도 된다. 그리고 그를 비난할 필요도 없다. 다만 그럴 때는 오로지 물음표 하나만으로 다가가면 된다. 진짜 문제를 찾아서 해결하겠다는 마음으로. 다시 말해, 나와 상대방과의 관계를 내려놓고, 원인을 당당하게 묻는 것이 그 사람과의 사이를 좁힐 수 있는 가장 좋은 방법이다.

또 이렇게도 응용할 수 있다. "혹시 오늘 집에서 안 좋은 일 있었나요?", "혹시 오늘 기분이 상했던 일이 있었나요?" 사람의 감정은 직전의 상황에 영향을 많이 받기 때문에 충분히 할 수 있는 질문이다.

이해를 돕기 위해 예시로 설명을 곁들여 본다. 출근길에 우연히 구매한 복권에 당첨이 되어 10억을 받게 되었다고 해보자. 팀원이 지각을 하거나 제출하기로 한 서류가 미비하다면 화를 낼 것인가? 아니다. 10억을 떠올리며 가볍게 지나갈 것이다. 반대로 출근 전에 가족과 심하게 다퉜다면? 팀원들이 지각도 하지 않았고, 보고서를 완벽하게 작성해 왔더라도 당신의 심기는 불편할 수밖에 없다.

위의 질문은 이런 심리를 염두에 두고 실제로 내가 일상에서 사용하는 말이다. 만약 누군가 당신에게 화를 내거나 퉁명스럽게 얘기한다면 "혹시 오늘 집에서 안 좋은 일 있었나요?", "혹시 오늘 기분이 상했던 일이 있었나요?"라고 넌지시 물어봐라. 그럼 상대방도 '아, 사적인 감정을 공적인 일에 가져오지 말자.'라며 이성을 잡으려 할 것이다. 경험한 바에 의하면 상당히 효과가 좋으니 꼭 사용해 봐라.

자연스럽게 한층
깊어질 수 있는 대화법

대화를 하면 할수록 더욱 어색해지는 경우가 있다. 보통 같은 주제가 반복되거나 형식적인 이야기를 주고받을 때 그렇다. 이럴 때는 빠르게 가까워져 분위기 전환을 하고 싶은 마음이 간절해진다.

이미 친한 사이는 이런 고민을 할 필요가 없다. 비슷한 관심사만 끌고 와도 얼마든지 자연스러워질 수 있으니까. 골프를 좋아하는 지인 2명이 만났다고 해보자. 골프와 관련한 담소를 나누는 것만으로도 즐거워진다. 하지만 그다지 친분도 없고, 서로 알아가는 단계라면 하나의 주제로 말을 이어간다는 건 상당히 어려운 일이다. 왜냐하면 상대가 어떤 사람인지 모르기 때문이다. 이때 써먹을 수 있는 2가지 기술이 있다.

첫 번째는, 나의 성격 또는 습관이 드러날 수 있도록 대화에 녹여내는 것이다. 이런 식으로 말하는 것이다. "저는 도전을 잘하는 편이에요. 그래서 골프도 딱 2달 레슨 받고, 바로 필드로 나갔지 뭐예요. 물론, 명랑골프가 따로 없었지만, 필드에서 배우는 게 정말 많더라고요."

두 번째는, 상대방이 자신의 성향을 말할 수 있도록 질문으로 유도하는 것이다. 예를 들어, "A 님은 골프 연습 어느 정도 하고 필드에 나갔어요?"라고 물으면, "워낙 도전적인 성격이라서 몇 번 연습 안 하고 나갔어요." 혹은 "저는 준비를 철저히 하는 편이라 6달 정도 연습하고 나갔네요."와 같은 답변을 들을 수 있다.

이렇게 되면, 단순한 관심사 공유를 넘어 서로에 대해서 더 많이 알게 되고, 관계에도 진전이 있을 수밖에 없다. 여기에 더해, 해당 관심사를 좋아하게 된 계기를 묻는 것도 꿀팁이다. "그런데 골프는 어떻게 취미가 된 거예요?"와 같은 유형으로 묻는다면, 대화의 주제가 관심사가 아닌 서로가 된다. 특히 상대방의 깊은 스토리를 들을 수도 있고, 경청하는 자세를 보여주면, 이야기가 끝났을 때 더욱 돈독해진 느낌을 받게 된다.

요약하자면, 초반에는 서로가 좋아하는 주제로 시작해서, 각자의 성향을 파악할 수 있게끔 말 속에 녹여낸 다음, 대화의 주제를 나와 상대방이 중심이 되도록 유도하면, 데면데면한 사이도 꽤 다정한 사이가 된다.

당연히 처음부터 익숙하지는 않을 테다. 그래도 그 누구와도 부담 없이 친해지는 능력을 갖고 싶다면, 앞서 언급한 예시들을 참고해 연습해 보길 바란다.

오늘, 당신의 인생을 변화시켜 줄 명언 한 줄

"말투는 그 사람의 내면의 감정을 드러내는 창문이다."

- 존 러스킨

세련되게 거절하는 법

" 거절은 생각보다 어렵고, 복잡하다. "죄송합니다.", "못하겠어요."라는 말을 입 밖으로 꺼내는 게 쉽지 않다. 상대방과의 개인적인 관계도 마음에 걸릴 수 있지만, 업무적으로 엮여있거나 가족까지 연결되어 있다면, 상황은 더 심각해진다.

나도 역시 거절을 정말 힘들어한다. 그래서 과거엔 상대방의 부탁을 거절하지 못해 곤욕을 치르기도 했다. 하지만 확실한 거절법은 반드시 배워야 하는 말투 중 하나다. 만약 거절이 힘들다는 이유로 모든 부탁을 다 받아주면 결과는 하나다. 다른 사람이 부탁한 일을 처리하느라 나의 일을 제대로 하지 못한다.

또 나의 일이 바빠 상대방의 부탁을 대충 들어줬다면, 상대방은 당신에게 고마워하기는커녕 '이렇게 해줄 거면 왜 해준다고 한 거야?' 혹은 '정말 일을 대충 하는 사람이구나?'와 같은 불만을 가득 담은 평가를 하게 된다.

결론은 내가 할 수 없는 부탁은 거절하는 게 정답이다. 하지만 처음 이야기했듯이 부탁에는 수많은 것이 얽히고설켜 있다. 절대 단순한 문제가 아니다. 이처럼 거절하기가 곤란할 때는 '어서티브$_{\text{assertive, 주장적 반응}}$' 거절법으로 접근하는 게 현명하다. 어서티브 거절법에 대해 알아보기 전에 피해야 하는 거절 방법에 대해서 먼저 알아보자.

첫째, 비주장적 반응이 있다. 이는 나의 바쁜 상황이나 힘든 여건을 정확하게 말하지 않고, 흐지부지하게 무조건 승낙하는 방식이다. 이렇게 되면 내 일도 못하고, 부탁받은 일도 제대로 못하는 최악의 결과를 불러온다.

둘째, 직접적 공격 반응이 있다. 이 역시 상대방에게 부탁을 들어주지 못하는 상태를 전혀 설명하지 않는다. 대신 "못합니다.", "안 됩니다.", "거절합니다."와 같이 단칼에 거절함으로써 나쁜 사람이 될 확률이 높다. 전혀 잘못한 게 없는데도 말이다.

그럼, 어서티브 즉, 주장적 반응은 어떻게 거절하는 것일까? 서두에 "정말 감사한데", "제가 도와드리고 싶은데"와 같은 말을 붙이는 것이다. 아무래도 쿠션어가 있으면, 거절당하는 상대방도 '나의 부탁에 대해 고민을 했구나.' 하는 생각에 마음이 조금 누그러진다.

그런 다음, 미안하다고 하며, 정확하게 거절을 하는 것이다. "조금만 더 고민해 볼게요.", "좀 더 지켜보시죠.", "제가 할 수도 있을 거 같은데"처럼 모호하게 말하면, 당신은 정확하게 거절했다고 생각하지만, 상대방은 당신의 동의를 기다리고 있을 확률이 상당이 높다. 그러므로 정확하게 미안하다는 말로 마무리를 지어야 한다.

마지막으로 거절할 수밖에 없는 이유를 상대방이 아니라 나에게로 돌린다. "너무 바쁠 때 오서서 도와드릴 수가 없어요.", "너무 힘든 일을 부탁하셔서 저는 힘들어요." 이렇게 상대방이 잘못한 관점으로 말하면 아무리 부탁한 입장이라도 기분이 나쁠 수 있다. 부탁한 쪽이 예의 없는 경우도 많으니까. 그러니 "부탁하신 일을 제가 처리하기엔 저의 능력이 아직 부족합니다. 죄송합니다." 정도로 말하는 게 좋다.

정리를 하자면, 거절하기에 앞서 쿠션 멘트를 한 다음, 미안하다고 정확하게 거절한다. 그리고 거절한 이유가 상대방이 아닌 나에게 있다고 언급한다. 아래 예시 문장을 참고하면, 이해가 더 쉬우리라 본다.

"이런 중요한 부탁을 저에게 해주셔서 감사한데, 제가 사실 지금 업무 과다 상태여서 제 일도 제대로 처리 못하고 있습니다. 제가 부탁을 받아들이면, 제 일도 못하고, 부탁하신 일도 제대로 못할 것 같아서요. 저에게 어렵게 부탁해 주셨는데, 진심으로 죄송합니다."

가장 중요한 포인트는 사람들은 생각보다 당신의 사정을 잘 모른다는 사실이다. 당신이 말하지 않는 이상 얼마나 바쁜지, 일 처리 능력이 어느 정도인지, 심리 상태가 어떤지 알 수 없다. 앞으로 어려운 부탁을 받았을 땐 주저하지 말고, 어서티브 거절법으로 명확하게 거절하자.

오늘, 당신의 인생을 변화시켜 줄 명언 한 줄

"신뢰는 말에서 시작된다.
말은 신뢰를 쌓는 첫 번째 단계다."

- 스티븐 코비

감정적인 실수를 줄여주는 "그만!"

인간은 너무 감정적으로 치우치면, 이성적인 판단을 하기 힘들어진다. 그래서 외로울 때 친구를 사귀지 말라고 하고, 배고플 때 마트에서 장을 보지 말라고 한다. 특히, 상대방에 대한 서운함이 폭발하면, 당신은 순식간에 주변 사람들에게 감정적인 사람으로 오해받게 된다.

미국 심리학자 폴 스토츠Paul G. Stoltz는 이렇게 감정이 내 마음대로 제어가 되지 않을 때, 이성적으로 바꿀 수 있는 방법으로 '사고정지법'을 제안했다.

활용법은 아주 간단하다. "그만!", "멈춰!"라고 소리 내어 말해 스스로 청각을 자극하면 된다. 이 외에도 자신의 뺨을 때리거나 엄청나게 차가운 물이나 뜨거운 차를 마시는 방법도 아주 효과적이다. 단순하지만, 직접적인 자극이 기분을 리셋해 주는 것이다. 또 자주 급발진하는 스타일이라면, 주변 사람에게 "혹시 내가 갑자기 화를 내거나 감정적으로 변하려 하면, 멈추라고 말해줘."라고 부탁하는 것도 좋다.

이러한 외적 자극은 화가 났거나 감정적으로 변했을 때만 효력이 있는 게 아니다. 병적인 불안함이나 패닉에도 적용할 수 있다. 실제로 사고정지법은 원래 강박성 장애 같은 정신 장애를 치료하는 심리 요법으로 고안되었다. 이 사실을 참고해 당신이 고소공포증 또는 비행기 공포증이 너무 심해서 그 시간을 도저히 못 버티겠다면, 머릿속으로 "그만!"을 외쳐봐라. 자극을 줄 수 있는 차가운 음료를 마셔보는 것도 도움이 될 테다. 발표 불안증이 있거나 너무 하기 싫은 일을 하기 전에도 같은 방식으로 마음을 다스려라. 또 여러 기법을 함께 사용하는 것도 추천한다. "정지!"라고 외치고, 본인의 허벅지를 손으로 친다거나 차가운 물을 마시면, 복잡한 감정에서 훨씬 빨리 빠져나올 수 있다.

이렇게 멈추고 싶은 감정을 정지했다면, 이후에는 긍정적인 감정으로 전환을 해야 한다. 행복한 장면을 떠올리거나 '비행기에서 내려서 먹고 싶었던 현지 음식을 마음껏 먹자.'라고 생각하면서 마인드 컨트롤을 해라.

한편, 이 방법은 반복을 해도 내성이 생기지 않는다는 장점이 있다. 사고정지법을 여러 번 반복하면 익숙해져서 영향력이 떨어질 수 있다고 오해할 수 있는데, 전혀 그렇지 않다. 오히려 여러 번 정지를 걸면, 더 큰 힘을 발휘하기도 한다. 게다가 체력적인 노력도, 돈도 투자하지 않아도 된다. 만약 벗어나고 싶은 감정에 사로잡히는 일이 생긴다면 즉시 "그만!" 혹은 "멈춰!"를 외쳐보자.

추가로 화의 감정을 통제하는 분노관리법을 공유한다. 문득 화가 많이 나고, 상대가 너무 미워진다면, 6초만 참아봐. 일반적으로 화의 감정은 6초 동안만 이어지므로 마음속으로 6초를 세면서 냉정을 찾아라. 그런 다음, 화난 이유를 입 밖으로 내뱉어 본다. 내가 왜 화났는지, 상대방의 어떤 부분 때문에 흥분을 했는지, 스스로 정확한 원인을 찾아보는 것이다. 마지막으로 논리적으로 상대에게 화난 이유를 전달해라. 이 방법 또한 매우 간단하지만, 갑자기 감정이 폭발해 필요 이상의 말을 상대방에게 쏟아내어 나의 이미지를 깎아 먹는 사태를 예방해 준다.

일관적이게 말하고 행동하라

" 직장인들이 가장 함께 일하기 싫어하는 사람은 누구일까? 일 못하는 사람? 성격이 안 좋은 사람? 모두 아니다. 놀랍게도 일관적이지 못한 사람이라고 한다. 아무리 일을 잘하는 사람이라 해도 태도가 자꾸만 바뀌면 가까이하기 싫어진다는 뜻이다. 예를 들어, 하루는 "자, 자유로운 분위기에서 즐겁게 일합시다!"라고 했다가, 하루는 "김 대리, 왜 이렇게 진중하지 못해. 여기가 놀이터야? 회사에선 좀 더 차분하게 행동하도록 하세요."라고 한다면 상대방은 어떤 기분이 들까? 분명히 마음속으로 '대체 어느 장단에 춤추라는 거야?'라고 할 게 뻔하다.

이 밖에도 "조금 느리더라도 무조건 꼼꼼하게 일 처리를 해주세요."라고 해놓고는 세심하게 확인하고 있는 당신에게 "일 처리를 너무 느리게 하는 거 아니야? 속도가 생명이라고 했어, 안 했어?"라며 비난한다면, 그 사람과 계속 일할 마음이 생길까?

인간은 심리적으로 익숙함을 좋아한다. 전세 계약이 만료되어 2년에 한 번, 보금자리를 옮길 때를 상상해 보자. 설렘보다는 막막함과 온갖 스트레스가 먼저 다가온다. 또 매주 일하는 공간을 옮겨 다녀야 한다면? 같은 곳에서 일할 때보다 효율이 떨어질 수밖에 없다.

사람도 똑같다. 말을 조금 못해도 된다. 모두에게 환영받는 성격이 아니어도 괜찮다. 대신, 까칠한 성질이라면 언제나 까칠하게, 꼼꼼한 걸 좋아하면 언제나 꼼꼼한 걸 선호하는 스타일로 말하고 행동해라. 그러면 상대방은 당신을 대하는 방식을 자연스레 터득하여, 당신을 만나며 불필요한 피로감을 느끼지 않게 될 것이다. 타인에게 불안감을 조성하고 싶지 않다면, 조금 부족하더라도 말과 행동을 일관성 있게 유지하길 바란다.

4장

설득이 쉬워지는 말투

불가능하다는 말 대신 가능하다고 말하라

우리는 화가 나면 자신도 모르게 불가능을 이야기한다. "너, 이런 식으로 하면 나 못 만나.", "너, 그런 식으로 하면 대학 못 가.", "너, 밥 안 먹으면 아이스크림도 못 먹어." 그런데 이런 식의 말은 상대방의 능력을 무시하는 것과 같다. 또한 상대방에게, 지적한 그 행동을 더 하고 싶게 만드는 욕구를 불러일으킨다.

잠시 생각해 보자. "절대 들어가지 마시오.", "여기서 절대 수영하지 마시오."와 같은 표지판을 본 적이 있을 테다. 그러면 더 들어가 보고 싶고, 더 수영을 해보고 싶은 마음이 들곤 한다. 이러한 현상을 일컬어 '칼리굴라 효과'라고 하는데, 로마 제국의 제3대 황제 칼리굴라의 생애를 그린 영화 〈칼리굴라〉가 세상에 나왔을 때, 잔인하고 성적인 묘사가 많아 상영 금지 처분을 받자, 오히려 영화를 보려는 사람이 늘어나 붙여진 이름이다.

다시 한번 말하지만, 상대방에게 불가능하다는 식의 말은 그 행위를 더 하도록 유도하는 것과 같다. 반발심을 자극하기 때문이다. 그러므로 가능하다는 관점으로 접근해야 한다. 그래야 더 효과적인 결과를 가져올 수 있다. 앞서 언급한 문장을 예시로 들어보면, 아래처럼 바꿀 수 있다.

전 | "너, 이런 식으로 하면 나 못 만나."
후 | "약속 시간을 지켜줘야 우리가 더 자주 만날 수 있지."

전 | "너, 그런 식으로 하면 대학 못 가."
후 | "방식을 조금 바꿔서 공부하면, 충분히 원하는 대학에 갈 수 있어."

전 | "너, 밥 안 먹으면 아이스크림도 못 먹어"
후 | "지금 밥 다 먹으면, 우리 같이 아이스크림 먹을 수 있어."

이처럼 나도 모르게 내뱉은 불가능의 말을 '가능하다.', '할 수 있다.'는 뉘앙스로 전환해 보라. 당신에 대한 상대방의 호감도가 올라갈 뿐만 아니라, 주변 사람들이 당신이 원하는 방향으로 움직이는 걸 보게 될 것이다.

말끝을 흐리지 마라

" 같은 말을 해도 훨씬 자신감 있게 하는 사람들이 있다. 그들의 공통점은 바로 말끝을 흐리지 않는다는 것이다. 가령, 이렇게 이야기한다고 해보자. "그 일은 오늘 제가 처리하겠습니다…….", "그 부분은 제가 확실하게 확인했는데요…….", "제가 하지 않았는데요……." 굳이 음성으로 듣지 않더라도, 자신감 없고, 신뢰감이 떨어지는 느낌이다.

내가 24살이었던, 처음 보험 영업을 시작했을 때의 이야기다. 평생 무용만 해왔고, 영업도 처음이며, 판매해야 하는 상품에 대해 공부한 지도 얼마 되지 않았던 무렵, 나는 내가 하는 말에 확신이 없었다. 이에 고객에게 설명을 하면서도 '이 내용이 맞나?', '혹시 내가 잘못된 정보를 전달해서 민원이 들어오면 어쩌지?'와 같은 생각이 자꾸만 들었다. 당연히 내 말에는 자신감이 없었다. 게다가 나도 모르게 상품을 설명할 때든, 고객에게 지인 소개를 요청할 때든 이렇게 말끝을 흐리는 습관이 생겼다. "고객님, 제가 설명해 드린 상품을 어떻게 생각하시나요……?,", "고객님이 아직 가입할 여력이 안 되신다면…… 혹시 지인 소개를 해주실 수 있을까요……?"

여기서 잠시 생각해 보자. 만일 당신이 고객이라면, 이렇게 자신감 없게 설명하는 보험 영업 사원을 통해 20~30년 이상 납입해야 하는 상품에 가입을 할 것인가? 그 누구도 그런 모험을 하지 않을 것이다. 그럼, 어떻게 이야기하는 게 좋을까? 아래의 예시를 살펴보자.

전 | "제가 제안 드린다기보다는……."
후 | "제가 제안 드립니다."

전 | "이 상품이 훨씬 좋을 것 같아요……."
후 | "이 상품이 고객님께 훨씬 좋은 상품입니다."

어떤가? 확실히 전자보다 후자에 더 강력한 힘이 느껴진다. 이렇듯 말의 끝부분을 명확하게 매듭지어야 한다.

이는 비단 영업 사원에게만 해당하는 사항이 아니다. 상대방에게 신뢰를 주려면, 결코 말끝을 흐려서는 안 된다. 더 정확히는 엔딩 부분을 길게 끌면 안 된다. "한국말은 끝까지 들어야 한다." 또는 '유종의 미'라는 표현도 있듯, 한국인은 그만큼 마무리를 중요하게 생각한다. 그러니 말끝은 깔끔할수록, 확실할수록 좋은 이미지를 심어줄 수 있다.

> 오늘, 당신의 인생을 변화시켜 줄 명언 한 줄

"말은 우리가 다른 사람과 소통하고 유대를 형성하는 가장 강력한 도구이다."

- 플라톤

"하지 마" 대신 "해"로 말하라

자, 이 말을 듣는다고 해보자. "지금부터 코끼리를 생각하지 마세요." 과연 당신은 머릿속에 코끼리를 떠올리지 않을 수 있을까? 오히려 이 말을 듣는 순간, 머릿속에 코끼리 형태가 그려지는 건 물론이고, '왜 코끼리를 생각하지 말라고 하지?', '그때 봤던 A 동물원의 코끼리는 잘 있을까?', '요즘 코끼리와 관련한 이슈가 있나?'와 같은 물음과 함께 코끼리에 더 집중하게 될 가능성이 높다.

이와 관련해 《코끼리는 생각하지 마》의 저자 조지 레이코프George Lakoff는 "사람의 뇌는 부정의 개념을 이해하지 못해서 뇌에 무언가를 하지 말라고 할 수 없다."고 했다. 설명을 덧붙이자면, "소파에서 먹지 마."라고 하면, '왜 소파에서 먹으면 안 되는 거지?', '먹어도 문제가 될 건 없는데?'라는 의문을 가지는 동시에 소파에서 먹어도 되는 이유를 찾아내어 결국에는 소파에서 먹게 된다는 것이다. 반면, "식탁에서 먹어."라고 하면, 소파는 안중에 없고, 곧장 식탁으로 향한다.

같은 맥락으로 스키 코치들은 선수들에게 "나무에 박지 마."라는 말을 하지 않는다고 한다. 왜냐하면 그 이야기를 들은 이후로 선수들은 본인이 가야 할 길을 보는 게 아니라, 피해야 할 나무만 보기 때문이다.

이처럼 누군가를 설득하려면 "하지 마."가 아닌 "해."를 사용해야 효과적이다. 이렇게 말이다.

> 전 | "실수하면 안 돼!"
> 후 | "이미 잘해왔고, 잘할 수 있어. 하던 대로 해."

> 전 | "숙제할 때 딴짓하지 마."
> 후 | "숙제부터 먼저 하자."

전 | "너 욕하는 습관 좀 바꿔."
후 | "좋은 말 쓰려고 노력해 보자."

모든 사람에게는 세상을 바라보는 방식을 형성하는 정신적 구조물인 '프레임'이 있다. 이를 잘 인지하여 활용한다면, 상대방의 세상을 내 의도대로 바꿀 수 있다. 그 중심엔 "하지 마."와 "해."의 차이에서 알 수 있듯이 간단한 언어 스킬이 있다.

오늘, 당신의 인생을 변화시켜 줄 명언 한 줄

"말은 단순한 소리가 아니다.
그것은 사람들 간의 신뢰를 쌓고, 마음을 여는 열쇠다."

- 존 우든

"개선하겠습니다" 대신 "변화하겠습니다"

> 우리는 누구나 실수를 한다. 또 내가 한 선택이 긍정적인 결과만을 불러오지는 않는다. 신이 아닌 사람이기에 충분히 이해되는 부분이다. 그런데 이때 중요한 점은, 누군가는 변명을 하기에 바쁘고, 누군가는 본인의 부족한 부분을 인정하고, 앞으로 나아가듯이, 실수를 하거나 실패를 한 이후의 행동이다. 이에 실수를 기회로 삼고, 더불어 호감을 살 수 있는 방법을 하나 공유한다. 바로 '실수에 대한 완벽한 인정-개선 방향 모색-같은 실수를 반복하지 않겠다는 확언' 이 순서대로 적용하면 된다.

참고로 많은 사람이 실수했을 때, "개선하겠습니다."라고 한다. '개선하다'를 국어사전에서 찾아보면, '잘못된 것이나 부족한 것, 나쁜 것 따위를 고쳐 더 좋게 만들다.'로 정의하고 있다. 즉, "개선하겠습니다."라는 말에는 "나의 행동이 부족하다.", "나의 행동이 나빴다."와 같은 의미가 들어있는 것이다. 하지만 실수와 잘못을 인정하는 부분까지는 좋지만, 최선을 다했음에도 좋지 않았던 결과까지 떠안으며 '개선'이라는 말을 사용할 필요는 없다고 본다.

그럼, 어떤 표현이 적절할까? 나는 조금 더 미래지향적인 문장을 사용하기를 권한다. "변화하겠습니다.", "더 나아가겠습니다.", "더 좋은 결과로 보답하겠습니다."가 그것이다. 여기에 더해, 보완할 방법을 제시하면서 실수를 반복하지 않겠다는 다짐을 보이면, 상대방에게 신뢰도 심어줄 수 있다. 당신이 큰 실수를 했다고 가정하고, 아래 문장을 살펴보자.

"다시는 이런 일이 없도록 하겠습니다. 이번에 A 방식으로 진행해서 이런 상황이 생겼다고 봅니다. 앞으로는 B 유형으로 진행하겠습니다."

어떤가? 단순히 "개선하겠습니다."라는 말보다 잘못한 부분을 인정하고, 해결 방안과 유사한 일이 벌어지지 않도록 예방하겠다는 한마디에 믿음이 생긴다. 또한 긍정적이고, 당당함도 느껴져 매력적으로 들리기도 한다. 이런 사람은 어디에서나 환영받는다는 사실을 당신도 이미 알고 있으리라 생각한다. 그러니 혹 노력했음에도 좋은 결실을 맺지 못했을 때는 이 내용을 잘 기억했다가 활용하길 바란다.

오늘, 당신의 인생을 변화시켜 줄 명언 한 줄

"우리는 말로 서로를 이해하고, 말로 서로를 오해한다."

- 존 파월

상대가 얻는 이익을 먼저 생각하면 결국 내가 더 많은 이익을 얻는다

수많은 사람이 오해하는 부분이 있다. 상대방이 본인이 하는 말에 관심이 있을 것이라고 믿는 것이다. 이에 따라 아래와 같이 자신이 어떤 노력을 했는지, 자신이 펼치는 논리가 얼마나 합당한지, 자신이 준비한 상품이 무슨 공정을 거쳤는지 등에 대해 구구절절 설명한다.

"이 상품은 10년 이상 근무해 온 제가 직접 설계했습니다."
"이 옷은 프랑스의 기계를 가져와 봉제를 했습니다."

"이 빵은 100시간의 기다림 끝에 나온 빵입니다."

하지만 안타깝게도 대중은 이런 이야기에 일절 관심이 없다. 쉬운 설명을 위해 당신이 고객이라고 가정해 보자. 위와 같은 말을 들었을 때, 바로 구매하고 싶은 욕구가 생기는가? 그의 열정과 실력을 인정하지 않는 건 아니지만, 선뜻 선택할 마음이 들지는 않는다.

그럼, 다른 사람을 설득하고, 빠르게 결정하게 하려면 어떻게 해야 할까? 내 중심이 아닌 상대방 입장을 고려하여 접근한다면, 당신이 원하는 결과를 얻을 수 있다. 위의 예시를 이렇게 바꾸어 보자.

"이 내용은 10년 이상 보험 업계에서 활동해 온 제가 수많은 분의 설계를 도와드린 통계를 바탕으로 고객님에게 필요한 부분만 적용해서 구성한 가장 합리적인 상품입니다. 만일 계약을 하면 더는 불필요한 보험료를 지불하지 않아도 됩니다."

"이 옷은 프랑스 기계로 봉제해서 실루엣이 다릅니다. 특히 고객님은 비율이 좋아서 더 돋보이실 거예요."

"이 빵은 밀가루 대신 호밀을 천천히 정성스럽게 발효시켜 만들어, 일반 빵보다 살이 덜 찌는 장점이 있습니다. 최근에는 다이어터들도 이 빵을 선호하더라고요. 먹고 싶은 거 먹어가면서 건강하게 다이어트하는 거죠."

어떤가? 확실히 고객의 입장을 충분히 고려한 게 느껴진다. 이처럼 '상대를 위한 노력'이라는 프레임으로 말하면, 듣는 사람도 기분이 좋아진다. 자기에게 관심과 정성을 기울이는 모습에 이야기를 더 듣고 싶어지는 건 당연하다. 그러니 누군가를 설득하고, 결정을 기다려야 하는 상황이라면, 나의 노력이 아닌 상대방이 얻을 수 있는 이익에 초점을 맞춰 접근하자.

> 오늘, 당신의 인생을 변화시켜 줄 명언 한 줄

"사람은 말로 상처를 주기도 하고, 치유하기도 한다.

- 레프 톨스토이

초반에 달콤한 사탕을 줘라

" 최근에 긴 글을 읽어본 적 있는가? 마음먹고 독서를 한 게 아니라면 거의 없으리라 본다. 이유는 대부분의 정보가 영상화되었기 때문이다. 쉬운 예로, 당신이 전자제품을 구매했다고 가정해 보자. 그걸 사용하기 전에 설명서를 꼼꼼하게 살펴볼까? 아니면 유튜브로 후기 동영상을 참고할까?

요즘은 이렇게 영상 촬영과 편집이 보편화되어 있어서 굳이 복잡하고 어려운 텍스트를 읽지 않더라도 필요한 정보를 습득할 수 있다. 이에 따라 자연스럽게 글을 읽는 사람들이 줄었고, 중요하다는 사실은 알지만 필요성을 느끼지 못 하는 게 현실이다. 그런데 우리 일상은 말과 글로 이루어져 있어서 반드시 무언가를 읽어야 할 경우도 있고, 내가 작성한 글을 읽게 만들어야 하는 상황도 생긴다. 그렇다면 앞서 언급했듯 활자에 집중하지 못 하는 이런 사회 분위기에서 내 글을 읽게 만들려면 어떻게 해야 할까? 예시를 통해 그 비결을 알아보자.

"자, 지금부터 딱 9분간만 샤넬 신상 백을 95% 할인된 가격으로 구매할 수 있습니다. 구매 방법은 하단에 안내되어 있습니다."

자, 이 글을 읽었다면 그냥 넘겨버릴 수 있을까? 아마 십중팔구는 상당히 집중해서 읽을 테다. 어떤 포인트에 비결이 있을까? 바로 '95% 할인'에 있다. '신상 백을 95%나 할인한다고? 그것도 샤넬을?' 하면서 내가 얻을 이익을 먼저 생각하게 되어서다. 이는 마치 달콤한 사탕과도 같다. 즉, 똑같은 정보를 전달하더라도 앞부분에 거절할 수 없는 달콤함을 싣는다면, 결과는 긍정적이다. 분명한 차이점을 보여주기 위해 2개의 문장을 제시한다. 아래 내용을 다시 한번 살펴보자.

① "샤넬 가방 판매합니다. 이 모델은 샤넬 가방 중에서도 전 세계 판매 1위를 하고 있는 모델이며, 6차 재생산된 만큼 완벽에 가까운 디자인 입니다. 이 가방을 기간 한정으로 30% 세일 진행합니다."

② "샤넬 가방을 30% 세일합니다! 심지어 샤넬 가방 중 전 세계에서 가장 인기 있는 모델이며, 6차 재생산된 만큼 완벽에 가까운 디자인임에도 무려 30%나 할인합니다. 다만, 기간 한정 진행이니 재고 소진 전에 꼭 확보하세요."

두 문장의 차이를 느꼈는가? 우선 전자는 '30% 세일'을 뒤쪽에 배치했다. 다시 말해, 고객이 관심을 둘만한 부분이 뒤에 나옴으로써 '뭐야, 스팸 메시지네.' 하고 무시했을 가능성이 높다. 반대로 후자는 같은 내용을 앞쪽에 배치함으로써 초반부터 고객의 마음을 사로잡았을 것이다. 그리고 대다수가 이 글을 끝까지 읽었을 것이다. 이렇듯 누군가를 설득해야 할 땐 상대방을 유혹할 만한 달콤함을 먼저 안겨주는 게 유리하다.

기억하자. 사람은 필요하지 않다고 느끼면 읽을 의지가 없고, 필요하다고 생각하면 아무리 복잡하고, 긴 글도 정보로 인지한다. 만약 누군가의 마음을 얻고 싶다면, 무조건 초반에 달콤한 사탕을 주자.

사람의 마음은
당신이 준비한 만큼 움직인다

" 당신은 제3자의 행동을 유도하는 게 쉬운가? 결코 쉽지 않다. 하지만 이 팁만 알면, 훨씬 가볍게 해낼 수 있다. 그건 바로 상대방에게 보상을 제시하는 것이다. 이 세상에 보상받기를 싫어하는 사람이 있을까? 참고로 여기에서 말하는 보상은 물질적인 것만을 의미하지 않고, 상대방이 원하는 모든 요소가 해당된다. 예를 들어, 아이가 밥을 먹지 않으려 하고 있다. 엄마가 아무리 먹이려고 해도 말을 듣지 않는다. 이때 어떻게 말하면 아이가 밥을 먹게 할 수 있을까?

① "지금 밥 안 먹으면 혼나."

② "지금 밥을 먹어야 두발자전거를 잘 탈 수 있지."

아이에게 효력이 발생하는 건 ②번이다. 전자는 아이가 강압적으로 느껴, 마음을 더 닫을 수 있지만, 후자는 당장 숟가락을 들 수밖에 없다. 여기에서 "왜?"라는 의문이 생긴다면, 또래 친구들은 모두 두발자전거를 타는데, 혼자만 키가 작아서 세발자전거를 타고 있는 경우를 가정했음을 상상하면 납득이 되리라 예상한다. 밥을 먹음으로써 두발자전거를 탈 수 있는 상황이 보상처럼 주어지는 셈이니까. 이처럼 상대방이 원하는 바를 미리 파악해 두면, 상대방을 설득할 때 유용하게 활용할 수 있다. 보상 프레임이 그 행위에 대한 가치를 충분히 느낄 수 있게 해줄 테니까.

하나 더 예시를 들어본다. 여기에 워라밸을 추구하기보다 회사에서 인정받고 싶고, 특진을 희망하는 A가 있다. 그런 그에게 부탁할 일이 생겼다면, 어떻게 말을 꺼내는 게 좋을까?

"A씨, 요즘 너무 잘하고 있어. 내가 지금까지 쭉 지켜보니까 특진한 사람 모두 A 씨처럼 회사 일을 마치 자기 일처럼 꼼꼼하게 처리하더라고. 혹시 이 서류, 내일까지 마무리해 줄 수 있을까?"

어떤가? 상대방의 바람을 정확하게 짚어서 내가 원하는 결과를 얻어낼 수 있을 듯한 예감이 든다.

장면을 바꿔서 미성년자임에도 친구들과 종종 음주를 즐기느라 늦게 자는 동시에 이성에게 관심이 많은 B가 있다. 그가 술을 마시지 않도록 하려면 다음처럼 말하는 게 효과적이다.

"B야, 내가 친한 피부과 원장님에게 물어보니 술을 마시고 하루 늦게 자면, 그때 상한 피부를 회복하는 데 한 달이라는 시간이 걸린대. 그런 날이 늘어나면 피부는 점점 더 안 좋아지겠지? 그러면 이성 친구들에게 호감도 떨어질 테고. 그러니 술을 마시지 않고, 일찍 자는 게 어떨까?"

여기까지 읽었다면 무엇이 핵심인지 파악했으리라 생각한다. 누군가를 행동하게 하려면 그가 원하는 보상을 언급하면서, 그에 따라야 하는 실천 즉, 당신이 바라는 방향으로 이끌면 된다. 이런 단순한 원리를 알지 못해 설득에 실패하는 사람이 많다. 모두 상대방의 상황이나 요구를 헤아리기보다는 본인의 의도에만 집중해서 그렇다. 이 점을 잊지 말자. 다른 사람의 마음은 당신이 준비한 만큼 움직인다는 사실을.

사라질 혜택을 언급하라

" 우리 인간은 무언가를 얻지 못할 때보다 잃게 될 상황일 때 더 큰 공포감을 느낀다고 한다. 이에 따라 사람들은 손실을 줄이는 데 집중한다. 참고로 이러한 현상을 매일경제 용어사전에서는 '손실 회피 성향'이라고 명시해두었다. 이를 근거로 물건을 판매할 경우 "지금 사면 5,000원 깎아드릴게요."라고 하기보다 "지금 안 사면 5,000원 더 비싸게 사야 해요."라고 해야 구매율을 올릴 수 있다.

누군가를 설득할 때도 마찬가지다. 드라마에서 청혼하는 장면을 떠올려 보자. "나랑 살면 평생 행복하게 해줄게."보다 "나랑 결혼 안 해주면 확 죽어버릴 거야!"라는 대사가 훨씬 더 효과적이다. 심지어 시청자의 기억에도 오래 남는다.

일상에서도 다양하게 적용할 수 있다. 가령, 친구와 약속을 정할 때도 "나는 화요일이랑 수요일 둘 다 괜찮아, 언제 볼까?"라고 하기보다 "나는 화요일이랑 수요일밖에 시간이 안 돼, 언제가 더 좋아?"라고 물어야 일정 잡기가 수월하다. 보험 영업에서 고객의 승인만 남겨둔 상태라면, "고객님, 다음 달엔 보험료가 오릅니다. 지금 가입해야 매달 6,000원씩 아낄 수 있습니다."라는 멘트보다 "고객님, 다음 달에 가입하면 보험료가 오릅니다. 30년 동안 매달 6,000원씩 더 지불해야 합니다. 똑같은 보상인데도 말이죠. 그러니 지금 가입하는 게 맞습니다."라고 했을 때, 계약할 확률이 더 높다. 같은 제안이지만 손실을 명확하게 알려줌으로써 선택하게 만든 것이다. 이렇듯 제안을 따르지 않으면 손해를 본다는 느낌만 전달해도 당신이 바라는 결과를 얻을 수 있다.

마지막으로 하나 더 예시를 들어본다. 마음에 드는 이성에게 데이트 요청을 할 때는 어떻게 이야기하면 좋을까? 아래의 두 문장을 보자.

① "우리 화요일에 영화 보러 갈까?"

② "사실 내가 화요일에 다른 여자랑 영화를 보기로 했는데, 네가 화요일에 시간이 된다면 그 약속 지금 바로 취소할게. 너랑 같이 시간 보내고 싶어. 그리고 그 애는 친구일 뿐이야."

①번은 영화를 굳이 보지 않아도 될 듯하지만, ②번은 영화를 함께 보고 싶은 확고한 의지가 담겨 있음은 물론, 거절하면 다음 기회가 없을 것만 같은 분위기다. 당연히 원하는 답을 얻을 가능성이 높다.

만일 누군가의 결정을 기다려야 하는 입장이라면, 이렇게 사라질 혜택을 언급해라. 상대방이 누구든지 대체로 긍정적인 결과를 얻게 되리라 확신한다.

서두르지 말고
작은 제안부터 하라

"아들, 밥 한 공기 다 먹어."

"김 대리, 1시간만 이야기합시다."

"저랑 데이트하실래요?"

이런 이야기를 들었다고 해보자. 당신이라면 선뜻 수락할 것인가? 어쩐지 부담스러워서 망설일 가능성이 높다. 왜냐하면 사람들은 대체로 작은 것부터 허락해 나가기 때문이다. 이를 '문전 걸치기 전략'이라고 하는데, 심리학자 조너선 프리드먼Jonathan L. Freedman과 스콧 프레이저Scott C. Fraser가 1966년, 'FITD 테크닉Foot-in-the-door technique'이라는 명칭으로 발표한 바 있다.

그럼 위 예시를 어떻게 바꾸면 좋을까? 아래 문장을 읽어보자.

"아들, 밥 한 숟가락만 먹으면 안 될까?"
"김 대리, 나에게 1분만 시간 내줄래?"
"저랑 간단히 커피 한잔하실래요?"

첫 번째는 밥을 먹고 싶어 하지 않는 아이에게 한 그릇을 다 먹으라고 윽박지르기보다는 한 숟가락만 권한다면, '그쯤이야.' 하면서 숟가락을 들 확률이 높다. 그렇게 한술 뜨고는 입맛에 맞으면, 한 공기를 비우게 될 테다. 두 번째는 1분이라고 말했지만, 김 대리가 원하는 특진 관련 내용이라면, 30분이든 1시간이든 어쩌면 그 이상으로 대화를 나누려 할 게 분명하다. 세 번째는 남녀 간의 데이트를 예고하는 대신 티타임을 요청하면, 상대방이 가볍게 생각하고 수락할 수 있다. 그렇게 함께 시간을 보내다가 적절한 타이밍에 "배고프죠? 식사라도 할까요?"라고 자연스럽게 제안하면 된다. 그러면 결국엔 당신이 원했던 데이트를 하게 되는 것이다.

이를 참고해 부디 처음부터 큰 부탁을 하는 건 삼가자. 그건 마치 이제 막 만난 이성에게 프러포즈하는 것과 같으니까.

재미있게도 이 전략은 마케팅 현장에서도 꽤 많이 활용되고 있다. 대표적으로 화장품 가게 앞과 마트 시식 코너에서 흔히 들을 수 있는 "화장솜 받아 가세요.", "무료 시식입니다. 맛 한번 보세요."와 같은 호객 행위다. 상대방의 동의를 먼저 구하고, 차츰 스며드는 것이다.

다시 한번 강조하지만, 사람은 심리적으로 작은 것부터 허락한다. 그러니 서두르지 말고, 작은 제안부터 해라. 그러면 세상에 허락 받지 못할 일은 그리 많지 않으리라 예상한다.

> 오늘, 당신의 인생을 변화시켜 줄 명언 한 줄

"말은 사람의 마음을 열 수도 있고, 닫을 수도 있다."

- 윌리엄 셰익스피어

한번 올라간 눈높이는
내려오기 힘들다

설득은 어떻게 하는 거라고 생각하는가? 보통 정성을 다하면 할 수 있다고 믿는데, 아니다. 약간의 심리적인 스킬만 적용해도 충분히 해낼 수 있다. 그것도 즐겁게.

예를 들어, 당신이 과일 가게를 운영한다고 가정해 보자. 그리고 아래와 같은 사과가 진열되어 있다.

① 멍들어서 판매할 수 없는 500원짜리 사과

② 멍들지 않고 맛도 좋은 매장에서 가장 잘 팔리는 2,000원짜리 사과

③ 쉽게 팔리진 않지만 좋은 품종에 상징성이 있는 20,000원짜리 사과

이때, 손님이 방문했다. 당신은 어떤 사과를 먼저 권할 것인가? 보통은 ②번 사과를 추천하겠다고 말할 확률이 높다. 이 경우, 고객이 구매는 할 수 있지만 감동하지는 않는다. 그렇다면 어떤 사과를 안내해야 고객에게 우리 가게를 각인시킬 수 있는 판매를 할 수 있을까? 바로 ③번 사과다.

이유는 사람의 눈높이는 한번 올라가면 내려오기 힘들다. 즉, 우리는 처음부터 좋은 걸 보여주면, 그보다 나쁜 상태의 것이 눈에 잘 들어오지 않는다. 물론, 사과 하나의 가격이 20,000원이라고 하면 다들 놀라며, 더 저렴한 사과를 찾을 게 분명하다. 이때 ①번의 멍든 500원짜리 사과를 보여주면, 조금 전 본 사과와 편차가 커서 '오늘은 사과를 못 사는 건가…….' 하는 불안이 밀려온다. 그러면 "고객님, 20,000원짜리보다 품종이 좋지는 않지만, 멍도 안 들고 맛도 좋은 사과가 있습니다."라며 ②번 사과를 보여주면 된다. 그 순간 당신은 물건을 판매하는 사람이 아닌 본인이 원하는 물건을 구해준 사람이 된다. 한마디로 도움을 준 고마운 사람이 되는 셈이다.

자동차도 마찬가지다. 의외로 풀 옵션 차량은 많이 팔리지 않는다. 대신, 매장에 방문한 고객의 눈을 높이는 역할을 한다. 겉으로 봐도 웅장한 휠과 어느 것 하나 부족함 없는 내부 옵션은 고객의 시선을 사로잡는다. 이를 본 고객은 일명 '깡통'이라고 하는 옵션이 하나도 적용되어 있지 않은 차는 눈에 들어오지 않을 수밖에 없다. 이에 따라 고객은 풀 옵션에서 한두 단계 낮은 차량을 선택한다. 이 현상만 놓고 보면, 자동차 회사는 깡통 그리고 풀 옵션 등급의 차량은 판매할 의도가 없을 수도 있다. 그저 앞서 언급한 2,000원짜리 사과를 판매하기 위해, ①번과 ③번의 사과를 진열해 둔 것처럼 배치한 의도가 더 크게 보인다.

이 멍든 사과의 심리를 꼭 기억해 두었다가 누군가를 설득해야 할 상황과 마주하면, '가장 좋은 것-가장 나쁜 것'순으로 제시해 봐라. 그다음에 당신이 원하는 걸 내놓아라. 그럼, 상대방은 분명 당신이 의도한 방향으로 따라올 테다.

무조건 쉽게 설명하라

사람들이 흔히 실수하는 게 있다. 상대방을 설득할 때 굳이 어렵게 설명한다는 점이다. 어려운 단어 또는 업계 용어를 사용해 복잡하게 전달한다. 충분히 쉬운 단어로 쉽게 이야기할 수 있는데, 그렇게 해야 전문가답게 보인다고 생각하면서 말이다. 이는 명백한 착각이다. 이런 사람들이 그런 실수를 하는데는 2가지 이유가 있다.

첫째, 어렵게 가르치는 걸 권위로 여긴다. 이는 일제강점기의 영향으로,

책은 두꺼워야 하고, 전공 서적은 술술 읽히지 않아야 그 값어치가 높다고 판단하는 것이다. 그러나 이제는 세상의 인식이 많이 바뀌었다. 쉽게 풀이되어있고 전달력이 좋은 책을 좋은 책으로 본다.

둘째, 365일 상품만 바라본다. 예를 들어, 휴대폰 판매자는 365일 24시간을 휴대폰 프로모션과 관련한 내용만 생각하고, 공부한다. 반면에 고객은 짧게는 1년 길게는 3년에 한 번 접하는 정보일 뿐이다. 이를 판매자와 구매자 간의 지식 격차라고 하는데, 이 간격을 좁힐수록 설득이 쉬워진다. 즉, 판매자가 아무리 지원금, 할부금, 약정 금액 등을 자세히 설명해도, 구매자는 궁극적으로 이 하나만 궁금해한다. '내가 한 달에 지불해야 할 금액이 얼마인가?' 여기에 하나 더 더하자면 '그래서 위약금을 얼마나 지원해 줄 수 있는데?' 정도 되겠다.

대부분의 현실이 이러해서 굳이 어려운 말을 쓸 필요가 없다. 아무리 친절하게 안내해도 설득과는 점점 거리가 멀어짐을 느끼게 될 것이다. 그러니 초등학교 3학년도 알아들을 수 있는 쉬운 언어로 표현해라.

또 이 하나만 기억해라. 어차피 모든 정보는 온라인에 있다. 무엇이든 검색만으로도 충분히 찾아낼 수 있는 세상이다. 대신, 그 내용을 얼마나 쉽게 설명하느냐가 당신의 경쟁력이 될 수 있다.

상대방의 선택을
더 빠르게 유도하는 비법

상대방을 설득해야 할 때, 언제가 골든타임일까? 물론, 매 순간이 중요하겠지만, 내가 생각하는 골든타임은 클로징 단계다. 몇 가지 상황을 예시로 들어보겠다.

다음 세 경우는 모두 상대방의 결정에 따라 결과가 달라진다. 고객이 구매 여부를 판단하기 직전, 다음 예약 스케줄을 정해야 하는 경우, 이성과 약속을 잡을 때. 그런데 대체로 이렇게 묻는다.

"이 물건 사실 건가요?"

"다음 예약, 지금 잡아드릴까요?"

"우리 밥 언제 먹을까?"

이 질문에 어떤 공통점이 있을까? 바로 상대방이 "아니오."라고 할 수 있는 여지를 준다는 점이다. 다시 말해, 누군가를 내가 원하는 방향으로 유도하려면 거절의 답변은 선택지에 없어야 하며, 이를 '선택 기법'이라고 한다. 그렇다면 위의 예시를 어떻게 바꾸면 될까?

> 전 | "이 물건 사실 건가요?"
> 후 | "A로 드릴까요? B로 드릴까요?"

> 전 | "다음 예약, 지금 잡아드릴까요?"
> 후 | "효과가 더 좋은 다음 주 또는 2주 후, 언제가 더 좋으신가요?"

> 전 | "우리 밥 언제 먹을까?"
> 후 | "우리 식사, 평일이 좋아? 주말이 좋아?"

이와 같이 묻는다면, 상대방은 둘 중 하나를 선택할 수밖에 없고, 당연히 당신이 원하는 결과를 얻을 수 있다. 설명을 덧붙이자면, 첫 번째는 A나 B 상품 중에 구매를 할 테고, 두 번째는 더 이득이라는 프레임을 입힘으로

써 당장 다음 주 예약으로 끌어낼 수 있을 테고, 세 번째는 돌아오는 답변에 따라 "그럼, 토요일 오전이 좋아? 오후가 좋아?"라며 추가 질문으로 약속 잡기에 수월할 테다. 이를 참고해 음식점에서도 이렇게 활용할 수 있다. 손님이 주문했을 때 "술은 안 필요하세요?"라고 하기보다 "술은 소주와 맥주 중에 어떤 걸로 드릴까요?"라고 해야 주문율이 올라가고, 버거 전문점에서도 "추가로 더 필요한 건 없으신가요?"라고 묻는 게 아니라 추가 메뉴 2개를 보여주며 안내해야 매출을 올릴 수 있다.

정말 단순하지만 꽤 적중률 높은 방법이니 누군가를 설득할 때뿐만 아니라 일상에서도 당신이 원하는 바가 있다면, 사용해 봐라. 조금 더 순조롭게 성과를 낼 수 있을 테니까.

> 오늘, 당신의 인생을 변화시켜 줄 명언 한 줄

"말은 사람들 사이의 거리감을 없애준다.
올바르게 사용된 말은 벽을 허물고 다리를 놓는다."

- 헨리 워즈워스 롱펠로우

가장 중요한 판단 기준을 물어라

대부분의 사람은 처음부터 회유하려 하면 반발심을 갖는다. 본인이 원하지 않는 다른 내용을 무작정 얘기하는 모습에 호감을 느끼지 못한다는 것이다. 그렇다면 어떻게 해야 상대방을 빠르게 설득하여 결정까지 하게 할 수 있을까? 바로 판단 기준을 먼저 물어보는 것이다. 말 그대로 "고객님이 제품을 선택할 때 가장 중요하게 생각하는 부분은 무엇인가요?"라고 질문한 다음, 그 답변에 따라 안내를 하는 것이다. 대답 속에 상대방의 성향과 필요가 포함되어 있어 당신이 원하는 결과로 유도하기에 훨씬 쉽다.

헬스장을 예시로 들어보자. 만일 고객이 '프로모션', '청결 상태', '기구 관리 정도'라고 언급을 했다면, 이에 따른 이야기를 중심으로 다음과 같이 대화를 이어가면 된다.

> 고객: "저는 가격에 대한 프로모션에 관심이 있어요."
> 나: "혹시 프로모션에 대한 혜택이 많다면 오늘 결정하실 건가요?"

> 고객: "헬스장의 청결 상태를 많이 따지는 편이에요."
> 나: "청결 상태가 흡족하면 오늘 결정하실 건가요?"

> 고객: "저는 기구가 잘 관리되어 있으면 좋더라고요."
> 나: "저희 매장 기구가 관리도 철저하고, 업데이트도 잘된다면 오늘 결정하실 건가요?"

요약하자면, 첫째는 고객의 결정을 판가름하는 핵심 요소를 먼저 묻고, 둘째는 그 부분이 제공 또는 해결된다면 바로 선택할 것인지를 직접적으로 물어보라는 뜻이다. 그다음에 고객이 중요하다고 여기는 요소에 포커스를 맞추어 설명하면 된다. 그러면 꽤 높은 확률로 상대방의 마음을 열 수 있을 것이다. 이유는 내가 하고 싶은 말이 아닌, 고객이 듣고 싶은 말을 했다는 데 있다. 이것이 성공적인 세일즈의 시작임을 잊지 마라.

마법의 단어
'만약에'를 사용하라

> 누군가를 설득하거나 협상을 해야 할 때, 비교적 쉽게 원하는 결과를 가져오는 방법이 있다. 기본적으로 협상과 설득은 상대방이 원하는 부분이 무엇인지 파악하여, 그 부분을 해소해 주는 데 답이 있음을 인지하고 있을 것이다. 그러나 말처럼 쉽지는 않아서 어려움을 호소하는 이들이 있다. 이때 사용할 수 있는 마법의 단어가 있다. 그것은 바로 '만약에'이다. 이 만약에를 넣어 질문한다면, 자연스럽게 상대방의 많은 정보를 파악할 수 있다.

예를 들어, 당신이 운영하는 매장에 고객이 방문을 했다. 그런데 제품에 대한 할인을 요구하고 있으며, 당신에게는 손해 보지 않는 선에서 충분히 할인해 줄 수 있는 능력이 있다면 어떻게 말할 수 있을까?

① "고객님, 할인해 드릴 수도 있습니다."

② "고객님, 만약에 어느 정도 할인을 해드리면 구매하시겠어요?"

전자보다 후자로 질문했을 때, 당신에게 유리한 대화를 이어 나갈 수 있다. 원하는 조건을 당신이 아닌 상대방이 먼저 제시한 덕분이다. 설명을 덧붙이자면, 상대방은 5%만 할인해 줘도 구매할 의사가 있었는데, 먼저 20%를 제시하면 상대적으로 불리한 조건으로 거래가 이루어지는 것이다.

또 당신이 염두에 둔 할인 폭보다 낮은 조건을 고객이 먼저 내놓을 수도 있다. 그러면 절대로 순순히 수락해서는 안 된다. 왜냐하면 당신의 빠른 수용을 보고 고객은 '뭐지? 왜 이렇게 빨리 수긍하지? 더 할인받을 수 있었던 거 아니야?'라는 의심을 품을 수 있어서다.

이 경우에는 "조금 힘든 조건이지만 맞춰 드리겠습니다."라는 한마디를 시작으로 조율해 나가면 그런 부정의 마음을 심어주지 않을 수 있다. 심지어 고객은 만족스러운 구매 과정이었다며 뿌듯해 하기도 한다.

이런 '만약에'는 당신이 이상적으로 바라보는 장면으로 설정할 수도 있다. "고객님, 만약에 어떤 부분이 해결되면 구매하실 생각인가요?"라고 묻는 것만으로도 의도를 알 수 있어서, 비교적 편안한 분위기에서 상대방의 욕구를 충족시킬 수 있을 뿐만 아니라, 불필요한 설명이나 굳이 주지 않아도 될 혜택을 무리해서 제공할 필요도 없으니까.

지금부터라도 만약에 화법을 적재적소에 활용해 봐라. 딱딱하거나 무거운 분위기를 풀어주는 동시에, 상대방의 정보를 빠르게 포착함으로써 기대한 결실을 얻을 확률이 높아지니 시도하지 않을 이유가 없다.

오늘, 당신의 인생을 변화시켜 줄 명언 한 줄

"진심으로 듣고 진심으로 말하는 것은
인간관계의 기초를 세우는 일이다."

- 에리히 프롬

신뢰도를 활용하라

신뢰도는 누군가를 설득할 때 가장 큰 영향을 미친다. 예를 들어, 해외여행 경험이 없는 사람이 홍콩을 추천한다면? 또 다이어트를 해보지 않은 뚱뚱한 사람이 다이어트 방법을 전한다면? 그 누구도 관심을 가지지 않을 것이다. 반면에 100만 구독자를 보유하고 있는 여행 유튜버가 "이번 여름휴가에는 무조건 홍콩으로 가는 것을 추천합니다."라거나, 30kg의 체중 감량을 한 지인이 "다이어트는 이 방식이 좋아요."라고 하면, 상대적으로 믿음이 가고, 실천으로 옮기기도 한다.

이처럼 같은 주장을 하더라도 당사자가 어떤 사람인가에 따라서 결과는 달라지기 마련이다. 즉, 앞서 말한 신뢰도가 설득을 판가름하는 셈이다. 하지만 우리가 지금 당장 예시로 들었던 100만 유튜버나 30kg를 감량한 다이어터는 아니다. 이런 상황에서는 내 말에 힘을 싣기 위해서는 어떻게 하면 좋을까? 아주 쉽다. 아래와 같이 다른 사람의 신뢰도를 빌리면 된다.

① "여보, 이번에 100만 유튜버 A가 홍콩 여행을 추천하더라고. 영상 보니까 4인 가족이 가기에도 좋고, 딱 당신 스타일일 것 같은데, 어때?"

② "얼마 전에 내가 TV에서 봤는데, 30kg을 B 방법으로 감량했다는 거야. 너에게도 잘 맞을 듯한데, 한번 도전해 보는 게 어때?"

각각 "여보, 이번 휴가는 홍콩으로 가자.", "다이어트에 B 방법이 좋대."라고 하는 것보다 훨씬 믿음이 간다. 이처럼 인지도가 높은 제3자의 이야기를 인용하는 것만으로도 상대방을 설득하기가 쉬워진다. 대신 다음과 같은 2가지 노력이 필요하다.

① 출처를 정확하게 밝혀야 한다.
② 왜곡되지 않게 꼼꼼하게 공부해야 한다.

이 부분을 지키지 않는다면, 당신은 단순 사기꾼이 될 뿐이다. 내가 아넌 타인의 경험을 전달하는 입장이기 때문이다. 조금만 정성을 들이면 결코 어려운 사항은 아니니 놓치지 말고 챙겨서, 당신이 전달하고자 하는 메시지에 힘을 싣기를 바란다.

> 오늘, 당신의 인생을 변화시켜 줄 명언 한 줄

"당신의 말은 당신의 마음을 드러내는 거울이다.
사람들은 그 거울을 보고 당신과의 관계를 결정한다."

- 제임스 볼드윈

상대방을 상상하게 만들어라

〈해리 포터〉, 〈반지의 제왕〉 시리즈는 책으로 먼저 탄생해 영화로도 출시된 작품이다. 그래서 도서로만 접한 사람, 영화로만 접한 사람, 도서로 먼저 접한 뒤 영화를 본 사람 혹은 그 반대의 경우도 있다.

그런데 도서로 먼저 만나 영화를 관람한 후에 실망스럽다고 평가하는 이들이 간혹 있다. 이유는 하나다. 책을 읽을 때는 모든 장면이 머릿속에서 대단하게 펼쳐졌는데, 막상 영화 스크린으로 보니 상상했던 것보다 스케일이 작거나 디테일이 떨어져서다. 한마디로 사람의 상상력은 제아무리 많은 비용을 투자하고, 웅장하게 묘사해도 따라갈 수 없을 만큼 한계가 무한한 존재다. 이 사실을 근거로 명확한 결과를 제시하는 것도 좋지만, 결과를 상상하게 만드는 게 설득에 더 효과적이라고 할 수 있다.

가령, 당신이 커트만 하려는 고객에게 파마도 하도록 유도하려는 헤어 디자이너라고 가정해 보자. 대부분은 "커트할 때 파마도 같이 하면, 아침에 머리 만지는 시간을 절약할 수 있습니다."라고 할 테다. 그런데 이 말에 상상력을 발휘할 사람이 과연 몇이나 있을까? 고객이 누릴 수 있는 이득을 명확하게 안내함에 따라 단순하게 받아들이고, 파마를 함께 하는 데에 대한 가치를 크게 느끼지 못했을 확률이 높다. 당연히 당신이 원하는 답변이 돌아올 확률은 50%다. 아니, 그보다 더 낮을 가능성이 높다. 대신 이렇게 이야기한다면 어떨까?

"고객님, 아침에 시간이 20분 정도 생긴다면 무엇을 하실 건가요? 잠을 조금 더 주무실 건가요? 여유롭게 커피를 마실 건가요? 가족과 대화를 하실 건가요? 자기 계발을 하실 건가요? 무엇을 상상하시든 커트할 때 파마를 같이 하면, 머리 세팅이 쉬워져서 바쁜 아침에도, 하고 싶은 것들을 여유 있게 하실 수 있을 거예요."

혜택을 언급하기보다 고객이 직접 자신의 아침을 상상하게 됨으로써 파마를 해야 하는 명분이 생겼다. 다양한 선택지를 나열한 점도 한몫 톡톡히 한다. 설령, 그 안에서 고르지 않더라도 파마의 가치를 충분히 전달했으니까. 이에 따라 고객이 긍정적인 답변을 할 확률이 더 높아질 수밖에 없다.

이와 같은 타인을 상상으로 끌어들이는 화법은 여러 상황에서 활용할 수 있다. 아래처럼 먼저 묻고, 당신이 원하는 방향을 제시하면 된다.

"귀찮고, 상처도 생기는 면도를 매일 안 해도 된다면 어떨 것 같아요? 제모 시술 한번 해 보시죠."

"다이어트할 때 떡볶이 끊기가 정말 힘든데, 먹어도 살 안 찌는 떡볶이가 있다면 어떨 것 같아요? 저당에 밀가루도 사용하지 않은 곤약떡볶이로 행복하게 다이어트 해보세요."

여기서 우리는 알 수 있다. 몇 개의 질문만으로도 상대방을 상상하게 할 수 있음을. 또 이 상상은 본인이 직접 하는 것이라서 다른 어떤 말보다 힘이 세다. 다만, 이 상상력이 더 큰 에너지를 가져 당신이 원하는 방향으로 이루어지려면, 필요가 확실하게 충족될 수 있음을 상상할 수 있도록 유도해야 한다.

5장

스스로 자존감을 올리는 말투

일상에서 1분만 투자하라

" 말을 잘하는 사람이 되고 싶은가? 그렇다면 이 한 문장만 기억해라. "말을 할 줄 아는 것과 잘하는 것은 다른 문제이다." 누구나 말을 할 줄은 안다. 하지만 어떤 단어를 선택하느냐에 따라 말을 잘하는 사람이 될 수도 있고, 답답하게 말하는 사람이 될 수도 있다. 그런데 누구나 말을 잘하는 사람이 되고 싶지, 답답한 사람이 되고 싶지는 않을 것이다. 그렇다면 어떻게 훈련하면 될까? 말하기 전에 이 부분을 딱 1분만 생각하면 된다. '내가 이 말을 했을 때, 상대방이 어떻게 받아들일 것인가?'

1분이 주는 힘은 생각보다 대단하다. 가장 좋은 것은 1분보다 조금 더 시간을 투자할 수 있다면, 내가 할 이야기를 글로 써보면 좋다. 꼭 수기로 작성하지 않아도 된다. 스마트폰의 메모장을 열어서 본인이 전달하고자 하는 내용을 적어 봐라. 여기에서 핵심은 굳이 그 글을 완성하지 않아도 된다는 점이다. 글을 끝까지 완성해야 한다는 압박이 있으면, 시작조차 못할 수도 있어서다.

내가 이 연습을 하라고 하는 분명한 이유가 있다. 말의 '휘발성'이라는 특징 때문이다. 쉽게 말해, 내가 말하는 중에 앞서 말한 내용이 눈에 보이지 않는다. 예를 들어, 나도 모르게 '그리고' 또는 '일단은'과 같은 특정 단어를 반복해서 사용하고 있더라도 정확하게 인지하지 못한다. 그런데 글로 써보면, 어떤 낱말을 반복하고 있는지, 굳이 하지 않아도 될 말을 하고 있는지, 비호감으로 들릴 수 있는 말을 하고 있지는 않은지 등 내 말에 대한 모니터링을 스스로 할 기회가 주어진다.

한번 더 마음에 새기길 바란다. 말을 할 줄 아는 것과 말을 잘하는 것은 전혀 다른 개념이다. 그러니 말하기 전 1분만 생각하자. 또 여유가 된다면, 하루 5분가량 본인이 전달하고자 하는 내용을 글로 써보자. 훨씬 더 설득력 있고, 유창한 표현을 하게 될 것이다.

'혹시'라는 단어를 붙이지 마라

"혹시 내일 시간 돼?"

"혹시 이것 좀 해줄 수 있나요?"

"혹시 길 좀 알려주실 수 있을까요?"

우리는 이렇게 일상에서 아무렇지 않게 '혹시'라는 단어를 많이 사용한다. 하지만 혹시를 제외해도 전혀 문제가 되지 않는다. 예의에 어긋나지도 않는다.

"내일 시간 돼?"

"이것 좀 해줄 수 있나요?"

"길 좀 알려주실 수 있을까요?"

어떤가? 직접 눈으로 확인해도 어색하지 않다. 그러면 우리는 왜 굳이 넣지 않아도 될 이 낱말을 습관처럼 쓰는 것일까? 이유는 초·중·고등학교 심지어 대학교에서도 질문하는 법을 배우지 못했기 때문이다. 이에 따라 질문하는 습관이 배어 있지 않고, 질문을 하면 어딘가 모르게 튀는 행동을 한다고 여기기도 한다. 그래서 자연스럽게 혹시를 붙이게 되는 것이다. 마치 그걸 빼면 버릇없는 사람이 되기라도 하는 듯이.

그러나 위에서 살펴봤듯이 혹시라는 단어를 넣지 않아도 충분히 좋은 질문이며, 의사 전달이 된다. 아니, 오히려 붙이지 말아야 할 이유가 있다. 그 답은 여기에 있다. 혹시를 국어사전에서 찾아보면 '다소 미심쩍은 데가 있어 말하기를 주저할 때 쓰는 말'이라고 정의하고 있다. 정중한 표현이라고 생각하고 사용해온 말이 오히려 상대방을 못미더워하는 의미를 담고 있음을 알 수 있다.

그래도 괜찮다. 앞서 말했듯이 우리는 질문하는 법을 배우지 못했고, 그로 인해 질문이 서툴 수밖에 없었다. 이 사실을 알았다면, 지금부터 바꾸면 된다. 앞으로 매너 있게 묻는다고 혹시를 붙이지 말자는 얘기다. 그보다 두 손을 모으거나 공손한 눈빛 등의 비언어를 활용해라. 당신의 에티켓에 더 큰 힘을 실어줄 것이다.

> 오늘, 당신의 인생을 변화시켜 줄 명언 한 줄

"당신이 자신을 어떻게 말하느냐가 당신의 가치를 정의한다."

- 루이자 메이 올컷

서술형 대신에
질문형으로 말하라

사람들이 누군가에게 무언가를 설명할 때 자주 하는 실수가 있다. 바로 서술형으로 이야기한다는 것이다. 예로 이런 표현이 있다.

"먼저 목차를 살펴보겠습니다."
"이제 다음 장으로 넘어가 보겠습니다."
"다음으로 사용설명법을 보겠습니다."

물론, 문제는 없어 보이지만 전문가처럼 보이거나 당당하게 보이기에는 다소 부족함이 있다. 당사자가 설명 또는 발표를 이끈다기보다 안내에 그치거나 해당 내용에 끌려가는 느낌을 주기 때문이다. 하지만 서술형을 질문형으로 바꾸기만 해도 더 프로답고, 당당하게 비칠 수 있다. 조금 더 쉬운 이해를 위해 위에서 언급했던 예시를 바탕으로 연습해 보자.

> 전 | "먼저 목차를 살펴보겠습니다."
> 후 | "먼저 목차를 살펴볼까요?"

> 전 | "이제 다음 장으로 넘어가 보겠습니다."
> 후 | "이제 다음 장으로 넘어가 볼까요?"

> 전 | "다음으로 사용설명법을 보겠습니다."
> 후 | "다음으로 사용설명법을 볼까요?"

어떤가? 서술형에서 질문형으로 바꿨을 뿐인데, 느낌이 전혀 다르다. 프로페셔널하고, 당당하며, 심지어 상황을 이끄는 기분까지 들게 한다. 실제로 들어보면, 이러한 질문형은 진행을 주도하면서도 듣는 사람에게 거부감을 주지 않는다. 특히 대중에게 존중받는다는 인식도 함께 심어줄 수 있어서 진행자는 자신감도 붙는다. 한마디로 질문형은 설명 또는 발표의 긍정적 선순환을 불러오는 아주 간단하면서도 유용한 커뮤니케이션 스킬이다.

긴장된다면
쉴 틈을 두라

" 발표 또는 누군가에게 나의 상황을 설명할 때, 심장이 미친 듯이 뛰고, 숨이 차는 듯한 경험을 해본 적이 있을 것이다. 대부분 기분 탓이라고 하지만, 실제로 심장이 빨리 뛰고, 숨이 차는 게 맞다. 가장 큰 원인은 말을 하면서 숨을 잘 안 쉬었을 확률이 높다. 평소보다 빨리 말하고, 문장도 길어지니, 숨을 쉴 시간이 없는 것이다. 그로 인해 심장이 빠르게 뛰고, 숨이 찰 수밖에 없다. 이런 순간에는 어떻게 하면 좋을까? 해결법은 아주 간단하다.

첫 번째는, 물리적으로 숨을 쉬어주어야 한다. 문장과 문장 사이에 의식적으로 숨을 쉬어라. 말을 **빠르게** 하면 말을 잘해 보이는 건 맞지만, 그게 전부가 아니다. 상대방에게 나의 의도를 잘 전하는 것 또한 말하기의 중요한 요소다. 그러므로 차라리 천천히 이야기하더라도, 나의 목적을 분명하게 전달하는 데 의의를 두는 것도 좋은 선택이다. 음식을 꼭꼭 씹어 먹어 영양소를 흡수한다는 느낌으로.

두 번째는, 마인드 세팅이다. 청중이 나에게 가장 편안한 사람이라고 상상해 보자. 그 대상이 가족 또는 가장 친한 친구라면, 그들 앞에서는 긴장하거나 말하기가 두렵지는 않을 것이다. 오히려 자연스럽다. 이런 관점에서 나에게 집중하고 있는 사람들이 나와 가까운 가족이나 친구라고 설정하고, 이야기를 풀어 나간다면, 놀랍게도 마음의 평온을 찾게 될 것이다. 그 상황이 매끄럽게 마무리되는 건 덤이다.

추가로 불필요한 간투사_{중간에 머뭇거릴 때 쓰이는 말}도 **빼라**. 자세한 설명을 위해 아래의 예시 문장부터 살펴보자.

"아……. 그래서 앞으로는 A가 꼭 필요하다고 생각됩니다."

"음……. 제가 바라본 바로는 B 방향이 좋은 듯합니다."

"이번 달 성과를 보면, 아마…… C 팀이 가장 우수합니다."

눈치챘겠지만, '아', '음', '아마'와 같은 필요 없는 간투사로 인해 호흡할 시간이 부족해졌다. 한마디로 간투사는 말하기에 있어서 치명적이다. 그러므로 혹여나 해야 할 말이 떠오르지 않거나 실수를 하게 되면, 한숨 고르고 이어 가는 게 탁월하다. 찰나지만 생각도 정리되고, 긴장감도 내려놓을 수 있다. 100보 전진을 위한 1보 후퇴가 되는 셈이다.

오늘, 당신의 인생을 변화시켜 줄 명언 한 줄

"자신감 있는 말투는 내면의 자존감을 반영한다."

- 나폴레온 힐

한 문장을 한번에 말하라

> 누구나 유능해 보이고 싶은 욕구가 있다. 보통 그 기준을 말에서 찾는다. 그만큼 말의 힘이 크다고 믿는 것이다. 그럼에도 불구하고 우리는 이따금 말실수를 한다. 아니, 잘못된 습관으로 원하는 이미지를 심어주지 못한다는 표현이 더 적절하겠다. 대표적인 사례가 다음처럼 한 문장을 여러 개로 나눔으로써 어눌하게 보이는 것이다.

"안녕하세요 ∨ 김민성 ∨ 입니다."

"오늘 하루 ∨ 즐겁게 ∨ 보내셨나요?"

"오늘 발표할 내용은 ∨ 말 잘하는 법에 대한 ∨ 이야기입니다."

이해했는가? 이처럼 하나의 문장을 끊어서 말하면, 상대방에게 유능함은커녕 신뢰감을 주기도 어렵다. 이를 해결 하는 방법은 아주 단순하다. 한 문장을 한 번에 이어서 완료하면 된다.

전 | "안녕하세요 ∨ 김민성 ∨ 입니다."
후 | "안녕하세요 김민성입니다."

전 | "오늘 하루 ∨ 즐겁게 ∨ 보내셨나요?"
후 | "오늘 하루 즐겁게 보내셨나요?"

전 | "오늘 발표할 내용은 ∨ 말 잘하는 법에 대한 ∨ 이야기입니다."
후 | "오늘 발표할 내용은 말 잘하는 법에 대한 이야기입니다."

말 그대로 한 문장, 한 문장을 완료하는 느낌으로 전달하는 것이다. 사실, 전자처럼 틈을 두게 되는 이유는 너무 완벽하게 하려는 욕심이 생겨서다. 하지만 그럴 필요가 없다. 아니, 되레 긴장을 하게 되는 역효과를 부를 뿐이다. 나 역시 생소한 분야나 어려운 단어가 많을 때는 한 문장을 한 번에 끊는 게 어렵다. 이 경우에는 연습만이 답이다.

우리 목의 근육도 몸의 다른 근육과도 같다고 생각하면 이해가 쉽다. 춤 동작을 영상으로 보거나 머리로만 100번 상상하는 것보다 몸으로 직접 한 번 춰보는 게 도움이 된다. 이와 같이 준비된 발표가 있다면, 혼자 스몰 토크를 하듯이 중얼거려 봐라. 그 자체만으로도 발음이 자연스러워지고, 한 문장을 한 번에 말하는 게 쉬워진다.

진정으로 전문가처럼 보이고 싶다면, 이 훈련은 꼭 해볼 것을 추천한다. 시간을 특별히 내지 않더라도 마음만 있다면 출근시간, 점심시간 그도 힘들다면 발표 전날 등 언제 어디서든 할 수 있으니까.

오늘, 당신의 인생을 변화시켜 줄 명언 한 줄

"긍정적인 말투를 사용하면,
당신의 자존감이 더 단단해진다."

- 조이스 마이어

나의 단점을
내 입으로 말하지 마라

사람들이 흔히 하는 실수가 있다. 다름 아니라 단점을 스스로 드러내는 것이다. 그러고는 본인은 솔직한 게 매력이라고 한다. 그런데 그것을 말하는 순간, 상대방 눈에는 그 부분밖에 보이지 않는다. 그러므로 관계를 맺는 초반이나 발표를 해야 하는 상황에서는 특히 조심해야 한다.

이를 심리학에서는 '초두효과'라고 하는데, 처음 느낀 이미지가 관계에 큰 영향을 미치고, 다른 모습을 보여주더라도 첫인상을 바꾸기가 쉽지 않다는 이론이다. 그러니 굳이 내 입으로 단점을 말할 필요가 없다. 이와 상반되는 '후광효과'도 있다. 당사자의 실체와 상관없이 후광만으로 이미지가 각인되는 현상을 일컫는다. 더욱 쉬운 설명을 위해 아래 두 문장을 살펴보자.

① "저는 이혼했습니다. 취미는 독서이며, 서울대학교를 나왔고, 대기업에 다니고 있습니다."

② "저는 서울대학교를 나왔으며, 취미는 독서이고, 대기업에 다니고 있습니다. 그리고 사실 이혼을 했습니다."

①번처럼 말하면, 아무리 수많은 장점을 나열하더라도 그는 사람들에게 이혼한 사람으로 낙인될 게 분명하다. 그렇다고 이혼이 나쁘다는 뜻은 아니니 오해 없길 바란다. 한편 ②번은 같은 말이지만, 서울대를 졸업한 이미지가 더 크게 다가온다.

정리하자면 전자는 이후에 어떤 행동을 보여도 '이혼한 사람'으로, 후자는 '서울대를 졸업한 사람'으로 기억되는 것이다. 명심하자. 윤리적으로 문제가 되지 않는 한, 나의 단점을 굳이 먼저 말할 필요는 없다. 대신, 상대방이 물어보거나 꼭 대답해야 하는 관계에서만 솔직하고, 당당하면 된다.

나의 능력을 알리고 싶다면
정확한 수치로 말하라

이제는 진정한 퍼스널 브랜딩 시대다. 다시 말해, 누군가가 나의 능력을 인정해 주길 기다리기보다, 나의 강점을 직접 드러냄으로써 나 스스로 브랜드가 되어야 한다. 그런데 내가 내 자랑을 하자니 민망하고, 그렇다고 가만히 손 놓고 있자니 뒤처지는 기분이다. 그럼, 어떻게 하면 나의 실력을 자연스럽게 알릴 수 있을까? 이를 위해 먼저 알아야 할 부분이 있다. 자기 자랑을 할 때는 절대 부사를 많이 넣어서는 안 된다는 점이다. 가령, 이런 식이다.

"저 진짜 보고 잘해요."
"결혼식 사회는 제가 정말 잘합니다."
"디자인은 정말 제가 회사에서 제일 잘하죠."

이처럼 본인이 최고라고 온갖 부사를 넣어 자랑하면 어떻게 될까? 내 입으로 자랑한 그 분야를 잘해봤자 본전이고, 만일 실수라도 한다면 순식간에 질타를 받게 된다. 그러므로 부사부터 빼보자.

"제가 보고를 잘합니다."
"제가 결혼식 사회를 잘 봅니다."
"제가 디자인을 잘합니다."

앞의 예시보다 훨씬 깔끔하면서도 메시지 전달이 잘 된다. 하지만 왠지 모르게 2% 부족한 느낌이다. 게다가 부사를 덜어낸다고 해서 이렇게 자신의 실력을 드러낼 수 있는 사람도 많지 않다. 잘하는 것을 말하는 게 잘난 척으로 비친다고 생각하기 때문이다. 엄연히 다른 표현인데도 그 고정관념을 깨기가 쉽지 않다. 이때 적용할 수 있는 방식이 정확한 수치로 전달하는 것이다.

"제가 12년째 보고를 맡아서 이어오고 있습니다."
"제가 결혼식 사회를 20대부터 지금까지 80번 이상 진행해 봤습니다."

"제 전공이 디자인이고, 디자인 경력만 약 8년입니다."

어떤가? 부사를 뺌으로써 심플해짐은 물론, 경력이 추가되어 신뢰감까지 더해졌다. 이렇듯 나의 능력을 누군가에게 말할 땐 현란한 부사를 덧붙여 자랑하는 듯한 말투보단, 경력을 명확하게 언급하며, 담백하게 말하는 게 훨씬 효과적이다.

오늘, 당신의 인생을 변화시켜 줄 명언 한 줄

"자신에 대해 말하는 방식이
당신의 자존감을 결정한다."

- 윌리엄 제임스

명칭만 바꿔도
훨씬 더 고급스러운 느낌을 준다

" 당신이 고객에게 보내는 '가격 신호Price Signal'는 높은가? 낮은가? 여기서 말하는 가격 신호란, 시장 경제의 경제적 정보의 일종으로, 소비자와 생산자에게 주어지는 재화나 서비스 가격에 변화가 있을 때, 소비자의 수요와 생산자의 공급을 증가 또는 하락하게 하는 신호다. 한마디로 공급자들이 암묵적으로 합의하여 가격을 정하는 행위다. 예를 들어, 모든 브랜드가 라면 가격을 동시에 올리면, 소비자는 오른 가격으로 인식하여 그 가격으로 구매를 하게 된다. 이에 따라 가격 신호를 높이면, 비싼 가격을 제시해도 판매자가 거부 반응을 일으키지 않는다.

반면에 한 먹자골목의 모든 음식점에서 소주 가격을 1,000원으로 통일한다고 가정해 보자. 이 경우 그 거리에서 술을 마시는 소비자들은 소줏값이 1,000원을 넘기면, 비싸다고 할 게 분명하다. 다른 곳에서는 소주 평균 가격이 4,000~5,000원이라고 하더라도 말이다.

그렇다면 개인은 어떻게 가격 신호를 올릴 수 있을까? 가장 대표적으로 상품명으로 서비스에 가치를 더하는 방법이 있다.

전 l 구멍가게	후 l 편의점
전 l 슈퍼마켓	후 l 신선마켓
전 l 중국집	후 l 차이나 팩토리
전 l 두피 샴푸 세트	후 l 두피 토탈 케어 세트
전 l 미장원	후 l 헤어살롱

어떤가? 명칭만 바꾸었을 뿐인데 훨씬 더 고급스러운 느낌을 전달할 수 있다. 그러니 가격 신호에 대한 고민이 있다면, 타이틀 수정을 권한다. 물론, 금액을 올리지 않더라도 고객을 더욱 흡족하게 할 수 있다. 왜냐하면 고객의 만족도는 구매하는 상황에만 있는 게 아니라서 그렇다.

실제로 수많은 고객은 상품을 구매하거나 음식을 먹은 뒤 주변 사람에게 자랑한다. 이때 가격 신호가 더욱 빛을 발한다. 가령, 누군가에게 음료수를 선물하면서 "구멍가게에서 사 온 거야."라는 말보다 "편의점에서 사 온 거야." 혹은 "신선마켓에서 사 온 거야."라고 하는 표현이 더 고급스럽고, 받는 사람 입장에서도 만족스럽다.

그뿐만 아니다. 본인의 소비를 합리화할 때도 가격 신호는 힘을 발휘한다. "인터넷에서 산 거야."라고 했을 때보다 "백화점에서 산 거야."라고 한다면 같은 물건이라 할지라도 다르게 느껴지며, 단순히 머리 정리를 하고자 할 때도 비슷한 금액이라면, '미장원 원장님'보다 '헤어스타일리스트'에게 맡기고 싶은 게 당연한 심리다.

이렇게 가격 신호는 일상의 여러 부분에 영향을 미친다. 그러니 당신도 네이밍으로 상품과 서비스에 변화를 시도해 봐라. 분명 이전과는 다른 성과가 있으리라 믿는다.

대화에도 자살골이 있다

"축구 경기를 관람하는 중에 내가 응원하는 팀이 가장 중요한 순간에 자살골을 넣었다고 생각해 보자. 팬으로서 얼마나 황당하고, 실망감이 클까? 더욱이 이기고 있거나 역전할 수 있는 상황이었다면, 힘이 더 빠질 게 틀림없다. 물론 이런 광경이 자주 발생하지는 않는다. 하지만 많은 사람이 일상에서 자살골을 넣고 있다. 본인이 사용하는 언어를 통해서. 이를 미국의 미디어 전략가 프랭크 런츠Frank Luntz는 '언어 자살'이라고 표현했다. 부정적인 뉘앙스로 이야기한다거나 스스로 약점을 들추어 본인을 불리한 입장에 빠트린다고 하여 붙인 이름이다. 몇몇 사례를 통해 우리가 어떤 실수를 범하는지 알아보자.

① "저는 사실 소심합니다."

② "제가 어제 과음을 해서요."

어떤가? 그리 어렵지 않게 내가 할 수도, 제3자를 통해 들을 수도 있는 말이다. 그러나 어떤 자리에서든 이런 이야기를 하게 되면, 상대방은 당신이 무엇을 하든 '소심한 사람', '과음한 사람'으로만 볼 것이다. 한마디로 긍정의 시선을 기대하기 어렵다. 이런 현상을 심리학에서는 '라벨링 효과'라고 부른다. 특정한 기대나 예측이 그에 따른 행동 변화를 이끌어 예상했던 바가 실현됨을 의미한다.

예를 들어, 교사가 학생을 우등생으로 라벨링 하면, 학생이 더 열심히 공부하게 되면서, 실제로 성적 향상이 된다는 논리다. 반대로 낙제생으로 라벨링 된 학생은 점점 자존감이 낮아지는 동시에 학업에 대한 의욕이 떨어져, 성적이 뒤처질 수 있다는 얘기다. 그런데 여기까지는 상대방에 의한 라벨링이지만, 앞서 언급한 언어 자살은 본인이 직접 라벨링 하는 셈이다. 굳이 붙이지 않아도 라벨을 직접 붙여, 다른 사람들에게 나쁜 시선을 심어 주는 것이다.

그렇다고 라벨링이 무조건 나쁜 영향만 주는 건 아니다. 긍정의 라벨을 붙이면, 얼마든지 자기 자신을 괜찮은 사람으로 보이게 할 수 있다. 가령, "저는 사실 소심합니다."라고 하는 대신 "저는 섬세합니다."라고 하거나 과음한 사실은 일부러 드러내지 않는 게 당신에게 훨씬 이득이다.

다음과 같은 언어 자살도 있다. 강점을 부각했음에도 상대방을 불안하게 하는 유형이다. "비행기 사고로 1년에 수많은 사람이 사망하지만, 저희 항공사는 20년 무사고를 자랑합니다." 과연 이 말을 듣고, 안도할 고객이 몇이나 있을까? 그보다 '20년 만에 처음으로 사고가 나는 건 아니겠지?'라는 불안에 휩싸이는 쪽이 더 많을 테다.

코로나19가 세상을 뒤덮고, 백신을 개발하여 접종을 독려할 때도 마찬가지였다. "코로나 백신으로 사망했다는 사람들의 주장은 과학적 근거가 없습니다. 우리 모두를 위해 백신 접종을 하세요."라는 소리가 여기저기서 들렸지만, 많은 국민이 백신 부작용과 관련한 내용을 검색하며 마음을 졸였다.

차라리 "저희 항공사는 20년 무사고를 자랑합니다.", "우리 모두를 위해 백신 접종을 합시다."처럼 간결하게 전달하는 쪽이 설득에 탁월하다. 괜히 긁어 부스럼 만들지 말라는 말이다. 여기에서 우리는 평소 은연중에 자살골을 많이 넣고 있음을 깨닫게 된다. 대부분의 예시가 완벽하게 낯설지 않은 내용이라는 점에서 납득하리라 본다.

단언컨대, 이런 실수는 말하기 전에 한번 점검하는 것만으로도 충분히 줄여나갈 수 있으니, 꼭 습관으로 만들자. 그 노력만으로도 당신의 언어에는 힘이 실릴 테니까.

> 오늘, 당신의 인생을 변화시켜 줄 명언 한 줄
>
> "당신이 할 수 있다고 말하면,
> 그 말이 자존감으로 이어질 것이다."
>
> - 헨리 포드

나의 장점을 물어라

> 살다 보면, 대화를 요청하거나, 강의를 의뢰한다거나, 물건을 구매하러 오는 등 상대방이 먼저 나를 찾아오는 경우가 생긴다. 이때 당신에게 유리한 방향으로 이끌어가는 팁이 있다. 바로 다음과 같이 본론으로 들어가기 전에 상대방이 목표로 한 대상에 대한 장점을 물어보는 것이다.
>
> "저에게 대화를 요청한 이유를 알 수 있을까요?"
> "저의 어떤 점을 보고 강의 의뢰를 하셨나요?"

"이 물건의 어떤 점이 좋아서 구매하러 와주신 걸까요?"

이렇게 해야 하는 이유는 분명하다. 대부분의 사람은 주어진 질문을 중심으로 사고회로를 작동하는 특징이 있어서다. 즉, 장점을 물어보면 장점을 떠올리고, 단점을 물어보면 단점을 찾으려고 애를 쓰는 것이다. 가령, "이 제품을 사용할 때 어떤 부분이 좋았나요?"라고 질문하면 좋았던 기억을 찾아내지만, "이 제품을 사용했을 때 어떤 점이 불편했나요?"라고 물으면 온갖 나쁜 점을 끄집어낸다.

그러므로 누군가가 당신에게 먼저 접근해 온다면 긍정의 질문으로 시작하는 게 좋다. 그래야 대화든 협상이든 당신에게 더 좋은 쪽으로 흘러가게 만들 수 있다. 자, 이해를 돕기 위해 위에서 예시로 든 물음에 대한 예상 답변을 통해 상황을 살펴보자.

① 상대방이 대화를 요청했을 때
나: "저에게 대화를 요청한 이유를 알 수 있을까요?"
상대방: "제가 키 큰 사람이 이상형이어서요. 그리고 멀리서 보는데 위트 있어 보여서 이야기해 보고 싶었어요."

② 상대방이 강의 의뢰를 했을 때

나: "저의 어떤 점을 보고 강의 의뢰를 하셨나요?"
상대방: "블로그와 인스타그램으로 활동하는 모습을 꾸준히 지켜봐 왔습니다. 심리학을 다루는 부분이 꽤 인상적이더라고요. 또 저희 영업 조직에 많은 도움이 될 듯해 연락드렸습니다."

③ 상대방이 물건 구매를 원할 때

나: "이 물건의 어떤 점이 좋아서 구매하러 와주신 걸까요?"
상대방: "다른 브랜드의 노트북도 직접 확인해 봤는데, 확실히 여기 제품이 가벼워서 들고 다니기에 편할 듯하더라고요."

①~③번 모두 상대방의 답변에 당신에게 느낀 매력 포인트가 모두 들어 있다. 이에 따라 당신은 이 내용을 바탕으로 태도를 취하면 된다. ①번 상황에서는 큰 키를 어필하는 동시에 위트 있는 말투와 표정, 제스처를 유지하면서 관계를 이어 가면 되고, ②번 상황에서는 SNS 활동을 부각하며 심리학의 강점을 주제로 강의를 진행하면 되고, ③번 상황에서는 "저희 브랜드를 찾는 고객님 대부분이 이동하면서 노트북을 사용하는 분입니다. 다른 브랜드를 구매했다가도 중고로 판매하고, 새로 장만하시더라고요. 특히 이동이 많은 프리랜서들의 후기가 좋으니 고객님이 사용하기에도 좋으리라 봅니다."와 같이 상대방의 필요를 겨냥한 제품의 장점을 언급하며, 핵심 가치만 전달하면 된다.

이렇듯 내가 하는 질문에 따라서 상대방은 검색하는 방향이 달라진다. 그러니 상대방이 먼저 다가왔다면, 곧장 설득하기보다 장점부터 물어봐라. 상대방의 답변 속에 당신이 보여줄 자세와 전달해야 할 요소가 모두 들어 있을 뿐만 아니라 당신의 자신감도 지켜줄 테니까.

오늘, 당신의 인생을 변화시켜 줄 명언 한 줄

"당신이 자신에게 하는 말이 당신의 자존감을 형성한다."

- 레오 부스카글리아

질투심 대신
호기심으로 다가가라

많은 사람이 자기도 모르는 사이 질투심에 휩싸이곤 한다. 예를 들어, 신입 사원이 출근 첫날에 고급 외제차를 타고 왔다고 해보자. 이럴 때는 크게 두가지 유형으로 나뉜다.

① '뭐야? 분명 불법적인 일을 하거나 금수저겠지? 건방지네.'

② '본인만의 돈 버는 비결이 있나? 아니면 회사 계열사 집안사람인가?'

전자와 후자의 차이가 느껴지는가? 어느 쪽이 더 나은 반응인지 알더라도 보편적으로 ①번과 같이 생각할 테다. 사람에게는 기본적으로 본인이 가지고 있지 않은 것을 밀어내려는 심리가 있기 때문이다.

이러한 성질을 가리켜 오스트리아의 심리학자이자 정신분석학의 창시자인 지그문트 프로이트Sigmund Freud '방어기제'라고 했다. 쉽게 말해, 자신을 위협으로부터 방어하기 위해 무의식적으로 스스로를 속여서, 상처를 피하려는 욕구다.

이를 바탕으로 다시 예시로 돌아가 상상해 보자. 당신은 34살의 8년 차 회사원이다. 그런데 이제 갓 입사한 26살의 후배가 고급 외제차를 타고 왔다면, 신입 사원의 존재 자체가 당신을 초라하게 만들 수 있다. 하지만 불법적으로 번 돈으로 구매했거나 부모님에게 선물 받은 차량이라면 작아지지 않을 수 있다. 그러니 위와 같은 말을 하면서 질투를 하게 되는 것이다.

그러나 이런 방어기제는 나에게 아무런 발전도 가져다주지 않는다. 그저 남을 미워하고, 질투심만 키울 뿐이다. 그러므로 방어기제로 대응하기보다 나의 능력을 뛰어넘은 사람을 만난다면, 존중하는 마음을 가져보자.

이 순간에 필요한 자세가 있다면 호기심이다. 질투심은 상대방이 가진 특별한 방법이나 실력과 관련해 조언받을 기회조차 날려버리지만, 호기심을 품고 배우려는 태도를 보이면, 내가 평생 모르고 살았을 인생의 지름길 또는 이 시대를 관통하는 꿀팁을 얻을 수도 있다. 누구든지 자기를 부정적으로 바라보면 알려주고 싶었던 것도 숨기고 싶어지지만, 호의로 다가와 질문하면 성심성의껏 알려주고 싶어지니까.

실제로 모든 인간은 나보다 대단하거나 잘나가는 사람을 보면, 내 마음을 지키기 위해 방어하게 된다. 질투가 당연한 현상이라는 말이다. 다만, 이를 인정하고 호기심으로 바꾼다면, 성장의 발판으로 삼을 수 있다.

사람뿐만 아니라 도서나 각종 SNS의 콘텐츠와 영상에서도 내가 필요로 하는 주제를 다루고 있다. 또 그것을 공유하는 이들은 세상의 주목을 받는다. 그것을 당신 것으로 만드는 방법은 하나다. 그들을 질투하는 게 아니라 제대로 배우고, 이해하겠다고 마음먹는 것이다. 그러면 어느새 당신이 원하던 모습으로 한 발 더 나아간 자신을 발견하게 될 것이다.

나를 드러낼 수 있는
단어를 선택하라

누군가에게 잘 보이고 싶거나 잘 보여야 하는 자리에 참석해야 할 때가 있다. 이 경우에는 상대방에게 나를 어필하는 게 필수다. 그러나 자칫하면 자화자찬 같아서 가벼운 사람처럼 보일 듯하고, 가만히 있으면 내 존재를 알릴 수 없을 테니 참 쉽지 않다.

이때, 어떻게 해야 서로 부담스럽지 않게 나를 드러낼 수 있을까? 내가 강력하게 추천하는 팁이 하나 있다. 바로 상대방과의 대화를 통해 나로 수

렴하게 하는 방식이다. 가령, 이런 식이다.

> 나: "저는 자기관리를 잘하는 사람이 이상형이에요."
> 상대방: "어머, 자기관리를 철저하게 하나 보네요."
> 나: "그렇다기보다 독서와 운동을 좋아해요."

이렇게 이야기하면 "저는 자기관리를 잘해요."라는 직접적인 표현보다 자연스럽고, 과하지 않게 내 자랑을 할 수 있다. 또 다른 사례도 살펴보자.

> 나: "저는 자기 일에 최선을 다하는 분에게 매력을 느끼는 편이에요."
> 상대방: "어머, 워커홀릭이신가 봐요?"
> 나: "그 정도는 아니지만, 제 일을 즐기면서 하고 있어요."

즉, 선호하는 유형을 언급하면서 당신도 그런 사람임을 은연중에 드러내라는 뜻이다. 위의 예시 외에도 "저는 이런 사람을 좋아해요.", "제 주변에는 이런 친구가 많습니다."라는 말도 비슷하다.

이처럼 나를 수렴시키는 건, 관심 있는 이성 또는 잘 보여야 하는 대상 외의 모든 타인에게, 우습거나 가벼워 보이지 않게 스스로를 포장할 수 있는 아주 좋은 스킬이다. 당연히 상대방과의 대화 흐름 속에서 자연스럽게 활용해야 제대로 힘을 발휘할 수 있다. 뜬금없이 좋아하는 스타일과 이상형을 언급했다가는 이상한 사람으로 오해받을 수 있기 때문이다.

잊지 말자. 무엇이든 유연한 게 좋다. 섣부르게 행동하지 말고, 자랑도 전체 분위기 속에서 자연스럽게 녹여내도록 해라. 그래야 당신의 가치가 더욱 빛난다.

> 오늘, 당신의 인생을 변화시켜 줄 명언 한 줄

"자신을 사랑하지 않으면, 말투에 그것이 드러난다."

- 브렌 브라운

언제 어디서든
홈그라운드라고 생각해라

스포츠 심리학 용어 중에 '홈그라운드 효과'가 있다. 쉽게 말해, 익숙한 경기장에서 경기할 때 유리해진다는 이론이다. 이와 관련해 영국 노섬브리아 대학교의 심리학과 닉 니브Nick Neave 교수팀에서 실시한 연구가 있다. 영국 프로축구 선수를 대상으로 홈경기와 원정경기를 뛸 때의 각 타액을 채취해 비교하는 실험이었다. 그 결과, 원정경기에서보다 홈경기에서의 테스토스테론 농도가 훨씬 높았다. 참고로 테스토스테론은 지배력, 통제력, 자신감, 공격성과 연관된 대표적인 남성 호르몬이다.

여기에서도 알 수 있듯, 사람은 익숙한 곳에 있을 때 컨디션이 좋아질 수밖에 없다. 관심 있는 이성과의 만남이 약속되어 있거나 중요한 미팅 자리가 있을 때, 해당 장소를 홈그라운드로 만든다면 나에게 유리한 쪽으로 분위기를 이끌어 갈 수 있다. 그렇다면 처음 가는 곳을 어떻게 하면 나의 홈그라운드로 설정할 수 있을까? 바로 약속 시간보다 15분 전에 도착하는 것이다. 이를 증명하기 위해 나의 학창 시절 이야기를 잠깐 해본다.

나는 고등학생 때부터 대학 시절까지 무용을 전공했다. 이때 '과한 리허설은 없다.'는 사실을 제대로 배웠다. 설명을 덧붙이자면, 대체로 공연은 매일 춤 연습을 하는 연습홀이 아닌 처음 보는 공연장에서 이루어진다. 그것도 단 한번에 최상의 컨디션으로 선보여야 좋은 성적을 얻을 수 있다. 당연히 실수도 용납되지 않는다. 이때 무대 위에서 여러 차례 리허설을 할 수 있게 되면, 앞서 언급한 홈그라운드 효과가 작동되는 것이다. 리허설을 하면 할수록 그 공간에 익숙해지는 법이니까.

누군가와의 만남에서도 마찬가지다. 상대방보다 미리 도착해서 자리를 잡고, 해야 할 대화를 연습해 보면, 집에서 혼자 상상하는 것보다 상대적으로 다름을 피부로 느낄 것이다. 나 역시 모든 약속에 15분 먼저 간다. 지방 출장이 있을 때는 40분~1시간가량 서두르는 편이다. 그리고 그 주변을 걸으면서 나눌 주제 혹은 강의 내용을 머릿속에 그려본다. 마치 복서가 상대편 선수를 상상하며, 셰도우 복싱을 하듯이 말이다. 그러면 놀랍게도 아무리 낯선 곳도 친숙하게 다가온다.

또 내게는 예정 시간보다 미리 나서려고 노력하는 이유가 더 있다. 수많은 변수에 대비하기 위함이다. 가는 길이 막힐 수도 있고, 정시에 도착했다고 하더라도 주차장에 자리가 없을 수도 있다. 게다가 헐레벌떡 도착하게 되면, 실력을 온전히 발휘할 수도 없다. 만일 늦기라도 하면, 미안한 마음에 대화의 주도권도 뺏기고 만다.

강연을 하는 상황, 당신은 15분 일찍 도착했지만 상대방은 30분을 늦었다고 가정해보자. 그래도 상관이 없다. "총 45분을 기다려야 하는데 아무런 상관이 없다고?"라고 반문할 수도 있겠지만, 단연코 오히려 좋은 상황이다. 당신에게는 리허설할 시간이 45분이나 주어졌고, 늦은 상대방은 미안한 마음을 안고 대화를 시작할 테니 당신에게 호의적일 수밖에 없다. 그러니 약속 상대가 늦는다고 투덜거리지 말고, 그 시간을 즐겁게 누려라.

모든 상황은 동전의 양면과 같다. 기분 나쁜 상황도 내가 어떻게 받아들이느냐에 따라 기분 좋은 상황이 되고, 최악의 상황도 나의 생각에 따라 최고의 상황이 된다. 자, 이 비밀을 안 당신이 홈그라운드에서 최상의 컨디션으로 말할 수 있길 바란다.

믿을만한 제3자에게 피드백을 요청하라

우리는 성인이 되면서 피드백 받을 기회가 줄어든다. 아니, 거의 없다고 해도 과언이 아니다. 그리고 누군가 피드백을 해주는 상황도 달가워하지 않는다. 아마도 잘못된 부분을 지적하고, 평가받는다는 인식이 강해서인 듯하다. 하지만 장점을 부각하고, 단점은 보완하는 계기로 삼는다면 피드백은 우리 삶에 매우 귀한 존재다.

이와 관련한 에피소드가 하나 있다. 한번은 신입 사원의 말투를 교정해

주기 전에 아래와 같은 대화를 나눈 적이 있다.

> 나: "A 님은 사투리를 고쳐보는 게 어때요? 조금 더 전문적으로 보일 수 있어요. 혹시 사투리 교정을 시도해 본 적이 있나요?"
> A: "지가유? 사투리를 쓴다구유?"

정말 황당한 답변이었다. 이렇듯 대부분의 사람은 본인의 단점을 인지하지 못한다. 특히, 매일 자연스럽게 하는 말은 스스로 장단점을 파악하기 어렵다. 그래서 누군가 조언을 해준다면, 반갑게 듣는 게 이득이다.

여기서 질문 하나 한다. 운전을 시작한 후 교통사고를 가장 많이 내는 시기는 언제일까? 바로 6개월~1년 무렵이다. 장거리 운전도 웬만큼 해봤고, 운전 경험이 많이 쌓였다고 믿는 순간이다. 이때 사고가 난다. 교통법규를 비롯해 운전과 관련해서는 잘 안다고 믿는 착각이 부른 결과다. 그리고 이 사실을 깨닫는다. '아, 운전은 아직도 배울 게 많구나.'

모두 내 이야기다. 실제로 운전대를 잡은 지 딱 7개월 만에 사고가 났다. 운전면허시험도 높은 점수로 통과했고, 운전 실력도 나날이 향상하는 게 느껴져 자신 있었다. 하지만 세상에는 시험에 나오지 않는 중요한 규범이 많았고, 내가 잊고 있는 부분도 있었다. 이걸 사고가 나고서야 알게 된 것이다.

말도 마찬가지다. 아니, 내 수준을 알 길이 없다는 표현이 더 맞겠다. 더욱이 운전처럼 시험을 치러야 할 일도, 위반한다고 범칙금을 내야 할 일도 없어서 내 의지대로 말하게 된다. 그게 자연스러운 현상이지만, 주변 사람들과 멀어지고, 외로워지면서 내 말의 심각성을 알아차린다. 그러니 언어 습관에 대해서는 항상 피드백을 구하는 게 좋다. 어쩌면 이게 말을 잘할 수 있는 가장 빠른 방법일지도 모르겠다.

그렇다고 아무에게나 피드백을 구하라는 건 아니다. 당신이 떠올렸을 때 매력적으로 말하는 사람에게 다가가 "B 님 말투가 제게 호감으로 다가오네요. 혹시 비법이 있나요? 간단한 피드백 부탁드릴 수 있을까요?"라고 물어봐라. 당장 피드백을 주지 않을 수도 있지만, 상대방은 당신에게 분명 호의적일 것이다. 즉, 피드백을 요청한다는 건 손해 볼 게 하나도 없다는 말이다.

은근히 섹시하게 느껴지는 말투

섹시하다는 건 어떤 감정일까? 나는 개인적으로 '단순히 멋있게 바라보는 것을 뛰어넘어 이성적인 매력까지 느끼는 마음'이라고 정의한다. 사람들은 나이가 들어도 섹시한 사람이고 싶어 한다. 그리고 상대방에게 확인받고 싶어 한다. 이는 엄연히 본능적인 욕구다. 그렇다고 문란해지라는 얘기는 아니니 오해는 접어두길 바란다.

만약 당신도 주변 사람들에게 섹시한 사람으로 보여지고 싶다면 '사피

오섹슈얼리티Sapiosexuality' 즉, 뇌가 섹시한 사람에게 끌리는 심리를 이용하면 된다. 실제로 대다수의 사람은 똑똑한 사람에게 호감을 느낀다. 그 증거가 한때 지식 관련 예능 프로그램이 유행한 데 있다. 〈알쓸신잡〉, 〈문제적 남자〉가 대표적인 예다. 물론 지금도 꾸준히 관련 방송이 편성되어 방영 중이다.

이는 한국에서만 일어나는 현상이 아니다. 최근 〈뉴욕타임스〉에서도 "신체적 아름다움이 성적 매력으로 여겨지는 사피오섹슈얼리티가 새로운 취향으로 대두되고 있다."며 "어떤 사람들에겐 가장 섹시한 신체 부위가 뇌"라고 보도하기도 했다.

다시 말해, 나의 지적 수준을 어필하는 것만으로도 상대방에게는 충분히 섹시하게 보일 수 있다는 의미다. 그렇다면 어떻게 해야 나의 지식을 거부감 없이 표출할 수 있을까?

우선 첫째는 다방면으로 공부하는 게 필요하다. 너무 깊이 들어가면, 방대한 지식을 다 알지도 못할뿐더러 상대방도 지루해한다. 그러니 일정 분야의 지식을 얇고, 넓게 익혀둘 것을 권한다.

둘째는 그렇게 알게 된 지식을 차갑고 냉철하기보다 겸손하게 말해야 한다. 어차피 대화를 길게 이어 가면 내가 잘 모르는 부분이 나오기 마련이다. 만약 상대방이 해당 주제와 관련한 전문가라면 더더욱 그렇다. 그럴 땐 "깊게 알지는 못해요. 그냥 상식 수준으로만 알고 있는 것뿐입니다."라고 겸손하게 말하면, 나의 기본 상식 수준이 높다고 은근히 어필하는 효과도 누릴 수 있다.

다음 예시를 바탕으로 정확하게 익혀두고, 직접 사용해 봐라. 분명 많은 사람이 당신을 '뇌섹남' 또는 '뇌섹녀'로 기억할 테니.

> 상대방: "저는 건축학과를 졸업했어요."
> 나: "오! 건축학과는 5년 과정이잖아요! 정말 대단하시네요!"
> 상대방: "건축학과가 5년 과정인 걸 아는 사람은 처음 봤어요. 건축에 대해서 좀 아시나요?"
> 나: "아, 깊게는 몰라요. 상식으로 5년인 정도만 알고 있습니다."

기억하자. 당신의 지적인 모습은 상대방에게 섹시함으로 다가간다. 그러나 너무 깊게 대화하면 상대방은 지루해할 수도 있다. 얇고, 넓게 공부하자. 그리고 너무 냉철하게 말하면 재수 없게 보일 수 있으니, 적당한 겸손도 갖추자. 당연히 당신이 정말 똑똑하다면, 최대한 세상의 상식과 지식을 머리에 담아두고, 사람들에게 알려줘도 된다.

말 한마디가
인생을 바꾼다

끝까지 《말투만 바꿨을 뿐인데》를 읽어준 당신에게 감사의 마음을 전합니다. 지금 당신은 어떤 감정을 느끼고 있을까요? 어떤 분은 새로운 다짐을 하고 있을 수도 있고, 또 어떤 분은 지금까지 알지 못했던 말투의 비밀을 알게 되어 흥미로움을 느끼고 있을지도 모릅니다.

이 책을 통해 당신이 무엇을 얻었든, 그 출발점이 당신의 삶에서 긍정적인 변화를 만들어낼 거라 확신합니다. 돌이켜보면 저 역시 아주 작은 변화로부터 시작했습니다. 제가 친구에게서 들었던 그 충격적인 한마디가 없었다면, 지금의 저는 없었을 겁니다. 그때는 말투가 인생을 이렇게 바꿀 수 있다는 사실을 전혀 몰랐습니다. 단순히 사람들 앞에서 더 멋져 보이고 싶었고, 나름대로 대화의 주도권을 잡고 있다고 생각했죠. 그러나 시간이 지나고 나서야, 말의 진정한 힘은 상대방을 이해하고, 공감하는 데 있다는 걸 깨달았습니다.

말투는 우리 일상의 많은 부분을 차지하고 있어서 그 가치를 쉽게 잊을 때가 많습니다. 하지만 당신이 이 책에서 배운 게 있다면, 바로 말투가 단순한 의사소통 수단이 아니라는 점일 겁니다. 말투는 우리의 마음을 전달하고, 관계를 형성하며, 때로는 삶의 방향을 바꾸는 강력한 도구입니다. 내가 무심코 던진 말 한마디가 상대방에게 어떤 감정을 불러일으키는지, 그 말 한마디가 이후의 대화와 관계를 어떻게 형성해 가는지, 우리는 늘 돌아볼 필요가 있습니다.

당신이 앞으로 어떤 말투를 사용하느냐에 따라 당신의 인생도 달라질 수 있습니다. 이 변화는 갑작스레 눈에 띄지 않을 수도 있습니다. 그러나 꾸준히 노력하면서 말투에 신경 쓰다 보면, 점차 주변 사람들의 반응이 달라지고, 더 나아가 당신이 원하는 삶의 모습에 가까워질 것입니다. 그만큼 말투는 그 자체로 힘이 있습니다. 내가 어떻게 말하느냐에 따라 상대방은 나를 더 신뢰할 수도 있고, 더 가까이 다가올 수도 있으며, 나의 말에 귀를 기울이게 될 것입니다.

물론, 말투의 변화가 처음엔 불편하게 느껴질 수도 있습니다. 하지만 그 불편함을 극복하고 나면 더 큰, 긍정적인 변화가 기다리고 있을 겁니다. 저 역시 초반에는 말하는 방식과 태도를 바꾸는 게 어색하고, 어려웠습니다. 하지만 그 작은 변화가 쌓여 저의 직업, 인간관계, 심지어 삶의 철학까지도 바꾸어 놓았습니다. 당신도 그 변화를 직접 경험하게 될 것입니다.

당신은 당신의 삶의 주인공입니다. 말투 하나로 인생이 바뀔 수 있다는 진리를 곧 실감하게 될 겁니다. 더 나은 소통을 위한 작은 실천, 그 시작이 바로 오늘입니다. 당신의 말투는 곧 당신의 모습이 되고, 그 모습은 당신의 삶을 바꾸는 힘이 될 것입니다.

그래서 간곡히 하나를 부탁드립니다. 이 책을 덮고 난 뒤에도, 배운 내용을 잊지 말고 실천해 보세요. 단 한마디라도 바꿔보세요. 처음에는 작은 변화일 수 있지만, 그 작은 변화가 큰 기적을 만들어 내리라 확신합니다.

이 책이 당신에게 새로운 시각을 열어주었기를, 그리고 그 시각을 통해 당신의 삶이 어제보다 조금 더 나아지기를 간절히 바랍니다. 모두가 더 나은 말투로 더 좋은 관계를 맺고, 나아가 더 행복한 인생을 만들어 가기를 진심으로 응원합니다.

끝으로, 이 책이 당신의 말과 인생에 작지만 중요한 변화를 가져다주었다면, 그것만으로 저는 이 책을 쓴 보람을 느낄 수 있을 것입니다. 이제, 달라진 말투로 더 나은 내일을 시작해 보세요.

다시 한번, 여기까지 읽어준 당신에게 감사합니다.

말투만 바꿨을 뿐인데

ⓒ저자 김민성

1쇄 인쇄 일자 | 2024년 9월 20일
30쇄 인쇄 일자 | 2025년 12월 4일

지은이 | 김민성
편집인 | 강수지
디자인 | 오병민
출판마케팅 | 김민성
펴낸곳 | 프로파일러북스
ISBN | 979-11-987748-3-5(03190)
이메일 | amheang@naver.com

파본은 구입하신 서점에서 교환해 드립니다.
이 책은 저작권법에 의해 보호를 받는 저작물이기에 무단 전재와 복제를 금합니다.